외국인을 위한 대학 글쓰기

외국인을 위한 대학 글쓰기

이 저서는 2009년도 한성대 교내연구비 지원 과제임.

외국인을 위한
대학 글쓰기

이상혁 지음

외국인의 한국어 배우기 열풍이 뜨겁다. 해외에서 한류 바람이 불면서 한국어를 배우는 외국인이 증가하고, 수많은 외국인들이 입학 또는 교환 학생 자격으로 국내의 대학에 입학하거나 학점을 수강하고 있다. 바야흐로 국제화 시대를 직접 경험하고 있다. 각 대학에서는 국제어학원 혹은 언어교육원 등의 기관을 통해서 외국인에게 한국어를 가르치고 있다. 그러한 한국어 프로그램은 초중고급 과정으로 구성돼 있고, 대체로 고급 과정을 수료한 학생들이 국내 각 대학 및 대학원에 진출하고 있다. 그만큼 한국어를 익히는 외국인의 수준이 다양해진 셈이다.

그런데 대학이나 대학원에 입학한 외국인은 단순히 한국어를 배우는 것만이 아니다. 한국어로 대학에서 학문을 익히는 것이다. 즉 그들은 학문을 목적에 둔 고급 한국어 구사 능력의 학습자이다. 그러나 외국인 대부분의 한국어 능력은 주로 생활 회화 중심의 한국어 능력이다. 따라서 대학에 실제로 입학한 외국인의 한국어 이해 능력과 표현 능력은 대학 수학 능력에 미치지 못한다. 이 때문에 국내 대학생의 글쓰기 및 말하기 능력이 <사고와 표현>이라는 교양 강좌에서 운영되듯이 외국인을 위한 학문 목적 글쓰기와 말하기 능력 향상을 위한 교양 강좌 또한 각 대학에서 개설되고 있다.

이 책은 그러한 의도에서 구성되었다. 한국어 회화 중심의 표현 능력 향상을 위한 교재가 아니라 대학에서 학문을 하고자 하는 외국인이 그에 걸맞게 글쓰기를 효과적으로 달성할 수 있도록 엮은 책이다. 곧 외국인 대상 글쓰기 교육 교재라 할 수 있겠다. 두말할 것도 없이 대학에서 학생들이 과제를 수행하는 것은 필수적이다. 교양과 전공과목을 수강하면서 다양한 리포트, 기말과제 등의 글쓰기는 대학인의 기본 덕목이자 수학 능력의 척도이다. 외국인이라고 자유로울 수 없다는 점에서 그들을 위한 글쓰기 교육 교재의 당위성이 존재한다.

이 책은 크게 5장으로 구성되어 있다. 제1장은 서론으로 한국어는 대학 수학 능력의 필수 도구라는 점을 강조하였다. 제2장에서는 외국인을 위한 대학 글쓰기는 무엇이며, 그 글쓰기 교육 과정은 어떤 성격과 단계가 필요한지 살펴보았다. 일종의 글쓰기 예비 단계에 해당한다. 제3장은 외국인의 한국어 대학 글쓰기 실전 단계로 6절에 걸쳐 글쓰기 실전을 직접 외국인이 단계적으로 밟아갈 수 있도록 구성하였다. 제4장은 외국인이 대학에서 가장 빈번하게 써야하는 글쓰기 두 영역에 대하여 글쓰기의 실제라는 측면에서 따로 살펴보았다. 마지막 제5장은 외국인이 반드시 알아야 할 한국어에 대한 지식 교육의 내용을 담아서 한국어의 다양한 주제에 대하여 탐색한 것으로 외국인을 위한 한국어학 입문의 성격을 지니고 있다.

외국인을 위한 대학 글쓰기 교과목이 각 대학의 사정에 따라 다를 것이다. 대체로 외국인을 위한 대학 글쓰기 강좌가 1학기와 2학기로 나눠 진행된다는 점으로 고려하면 제1장에서 4장까지는 1학기에 소화할 수 있는 내용이며, 제5장은 한국어 지식을 바탕으로 2학기에 좀 더 심층적으로 외국인에게 한국어의 전반적 특징을 가르칠 수 있도록 1장에서 4장까지는 <연습>, <함께 생각해

보기>, <함께 읽기>를, 5장에서는 <함께 생각해보기>를 활동으로 갖춰 구성해 보았다. 경우에 따라서 제5장은 한국어문학부 외국인 학생을 위한 입문서로 활용할 수 있을 것이다.

대학에서 국내 대학생 및 외국인에게 한국어로 글쓰기를 가르치면서 많은 고민이 있었다. 특히 외국인의 경우 학문 목적 글쓰기의 수준이 천차만별이고 학생들의 의욕도 각기 다르다. 따라서 그 눈높이를 맞춘다는 것은 쉬운 일이 아니다. 더구나 학문 목적 대학 글쓰기에 대한 논의가 아직은 활발하게 이루어지고 있지 않은 시점에서 구성된 이 책은 여전히 부족한 점이 많을 것이다. 그럼에도 불구하고 이러한 교재의 필요성은 모두 공감하리라 생각한다. 책을 출간하는 과정에서 빚어진 오류나 실수는 모두 필자의 책임이자 몫이다.

이 책의 출판 과정에서 많은 분들의 도움을 받았다. 책이 나오기까지 조언을 아끼지 않았던 많은 분들께 심심한 감사의 인사를 드린다. 그리고 부족한 원고를 읽고 꼼꼼히 교정을 봐 준 여러 분들께도 감사의 뜻을 전하고자 한다.

결코 경제적으로 넉넉하지 않은 출판사의 사정을 익히 아는 필자에게 출판의 기회를 선뜻 제공해 준 글누림출판사 최종숙 사장님 이하 편집부 직원들의 노고에 고마움을 표하고자 한다. 부족한 부분은 앞으로 끊임없이 수정하고 보완해 나갈 것이다. 독자 여러분의 많은 질정과 조언을 바란다.

2009년 10월 1일
낙산을 굽어보는 연구실에서
이 상 혁

차 례

제1장 서론 - 외국인을 위한 대학 글쓰기

당신의 운명은 한국어가 결정한다! ;

01 | 언어 경쟁력이 생존이다!

인터넷에서 '경쟁력'이라는 단어를 쳐 보자. 다양한 수식어가 앞에 등장한다. 국가 경쟁력, 재테크 경쟁력, 기술 경쟁력, 인터넷 경쟁력…… 경쟁력이 최고의 성공 가치로 떠오르고 있다. 무엇이든 자신만의 경쟁력이 필요한 시대임은 틀림없다. 그런데 우리에게 서로 물어보자. 당신의 경쟁력은 또 무엇이 있는지 말이다. 없다면 만들거나 발굴해야 하는데 나의 경쟁력은?

언어 경쟁력이라는 말을 들어보았는가? 당최 무슨 말인지 감이 안 잡힐 수도 있겠다. 여자가 수다를 잘 떠는 능력인지 아니면 남자가 감언이설로 여자를 잘 꼬시는 능력인지 말이다. 물론 이러한 능력도 이 시대, 이 사회에서 잘 살기 위한 힘일지도 모른다. 그러나 여기서 말하는 언어 경쟁력은 그것이 아니다. 정확히 말하면 언어 표현 경쟁력이고, 언어 구사 경쟁력이다. 그리고 그것은 구체적으로 한국어 경쟁력이다.

 어느 운동선수들의 언어 경쟁력

얼마 전 외국 프로축구 구단에서 활약하고 있는 축구 스타 박지성과 이영표에 대한 기사를 본 적이 있다. 그들의 언어 경쟁력을 언급한 현지 특파원의 기사다. 축구를 잘하는 이 두 스타가 영어를 빠르게 습득해 주위를 놀라게 하고 있다는 것이다. 박지성의 경우 그가 거쳐 간 나라의 언어인 네덜란드 어, 일본어 구사 능력도 범상치 않다는 얘길 들은 적이 있다. 그런데 이들은 어학연수를 전문적으로 받은 선수가 아니라는 점이다.

이 기사를 보고 기억해 낸 것 하나, 독자들에게 지금 당장 박지성과 이영표의 한국어 인터뷰 동영상 몇 개를 골라 볼 것을 제안한다. 이 두 사람의 한국어 인터뷰 능력이 다른 선수와 비교가 되지 않을 정도로 훌륭하다. 두말할 것도 없이 한국어를 잘 구사한다는 얘기다. 다른 운동선수들이 텔레비전에 나와 인터뷰할 때와는 차원이 다르다. 말만 하면 알 만한 몇몇 운동선수들의 어눌함에 길들여져 있던 필자에게 그 편견을 여지없이 무너뜨린 두 사람. 이들은 분명 언어 경쟁력을 가진 인물들이다.

오랜 연습과 사전 연습 덕택에 박지성과 이영표가 인터뷰를 잘하는 것이라고 단언할 수 없다. 그들은 이미 한국어를 잘해 왔던 것이다. 한국어를 잘 구사했던 사람들이었다는 것이다. 그게 바로 외국어 능력의 향상에 도움이 되었다고 필자는 믿는다. 물론 박지성과 이영표가 학창 시절에 교과목으로 국어를 잘했는지 알 길이 없다. 중요한 것은 두 사람은 우리말을 잘한다는 것이다. 그리고 그것이 그들의 축구 경쟁력을 높이는 요소 중 하나였다는 사실이다. 축구를 잘하기 위해서 영어를 열심히 공부한다는 그들의 말 속에서 자그마한 해답이 있다. 당신의 운명은 언어가 결정할 수 있다는 것이다.

03 │ 한국어는 경쟁력이다

위의 두 선수는 분명히 자신의 분야에서 노력했다. 그리고 그 결실을 맺었으며, 더 나은 미래를 위해 뛰고 있다. 그 속에 한국어 경쟁력이 있었고, 영어 경쟁력이 있었다. 그렇다면 한국어를 배우는 외국인들이 미래에 성공하기 위한 다양한 전략 중에서 언어 경쟁력을 강화시키는 구체적 전략을 생각해 보지 않을 수 없다. 그들의 운명은 언어가 결정할 수 있기 때문이다. 그리고 바로 한국에서 혹은 외국에서 자신의 꿈과 미래를 성공의 길로 가기 위한 슬로건 하나가 바로 이것이다. 한국을 알고자 공부하는 외국인의 운명은 바로 한국어가 결정한다!

그들의 운명을 한국어가 결정한다고 했다고 이제부터 갓 한국어 공부를 시작하는 외국인이 한국어만 죽어라고 할 수는 없을 것이다. 한국어 초급 외국인들은 그렇게 따라올 리도 없지만 그렇게 따라 왔다간 그것도 큰일이다. 물론 외국인의 운명을 한국어가 결정한다는 말이 거짓은 아니다. 그렇기 때문에 그 슬로건의 뜻이 무엇인지 생각해 볼 각오가 돼 있다면 이 책을 다 읽고 판단하는 게 현명한 일일 것이다.

잠깐 필자의 경험 세계로 들어가 보자. 나에 대한 지난 기억이어서 쑥스럽기도 하지만 얘기하고자 한다. 필자는 중학교 저학년까지 공부는 잘한 편에 속했으나, 말하기 능력(당시엔 발표력이라고 했다)에는 소질이 없었던 것으로 기억된다. 소질 이전에 남 앞에서 얘기하는 것에 대한 두려움이 분명히 있었다. 일종의 무대 울렁증과 같은 것이었다. 물론 당시에 체계적으로 말하기 방법을 익힌 바도 없다.

그런데 그런 필자가 말하기에 자신감을 갖게 된 계기는 중학교 3학년 때다. 지금도 잊을 수 없었던 담임선생님이자 국어 선생님의 특별한 칭찬하기……. 이를테면 학급을 위해서 뭔가 도움이 되는 일을 하면, 담임선생님이 직접 상장을 주신다. 당신만이 디자인한 손바닥 크기의 종이에 "위 학생은 당번이 아님에도 불구하고 오늘 자진해서 학급의 물 운전자에 물을 담아 왔기에 그 선행을 칭찬하고 이에 상장을 수여함", 뭐 이런 상장 아닌 쪽지를 종례 시간에 주셨다. 그것도 모든 학생들에게 한 학기에 한 번 씩은 꼭 돌아가면서 받을 수 있도록 어떤 이유를 대서라도 말이다.

필자를 포함한 당시의 학생들은 자신감이 생겼다. 그 자신감은 자신에 대한 드러냄으로, 그 드러냄은 적극적인 말하기로 승화되었다. 그리고 말하는 것만이 능사가 아니라 말하기 전에 생각하고 메모하는 습관이 함께 형성되었다. 물론 다른 학생이 말하는 것을 경청하는 태도를 가지게 된 것도 이 무렵이었다. 친구들과 떠드는 것에만 익숙한 사춘기 중학생이 점점 공적인 자리에서 말의 조리가 생겼다. 그리고 그것은 자연스럽게 쓰기라는 다른 형태의 표현으로 전환되었다. 결국 다른 학생보다 필자는 우리말 경쟁력이 생겼고, 대학 학과도 국문학과를 선택했고, 현재도 대학에서 말하기와 쓰기 강의를 하고 있다. 이러한 경험에 비추어보면 나의 운명은 한국어가 결정한 셈이다.

그리고 우선 착각하지 말아야 할 것이 하나 있다. 한국어가 경쟁력이긴 하지만, 말하기 능력만으로 한 개인의 한국어 경쟁력이 커 가는 것이 아니라는 것이 아니다. 읽기, 쓰기, 듣기 능력도 한국어 경쟁력 제고를 위한 중요한 요소다. 따라서 한국어를 배우고 한국에서 대학을 다니는 외국인의 운명이 말하기만으로 결정된다고 생각하는 오류를 범해서는 안 된다. 앞으로 이 책에서는 대학 글쓰기를 위한 쓰기 능력을 더욱더 강조하게 될 것이다. 대학에서 교양과 전공을 공부하는 외국인에게 쓰기는 자신의 능력을 가장 가시적으로 보여주는 표현의 하나이기 때문이다. 한국어는 경쟁력이다. 그러나 말하기 능력은 한국어 경쟁력의 일부라는 사실을 기억하자. 오히려 학문 목적의 한국어 배우기는 쓰기로 판가름난다.

04 | 한국어 능력은 사고와 표현 능력이다

"넌 왜 그렇게 생각이 없니?"
"앵무새처럼 따라만 할 거야?"

위의 두 문장은 시사하는 바가 크다. 자라면서 부모님께 혹은 선생님께 이런 말을 들어 본 경험이 없는 사람은 거의 없을 것이다. 다만 이런 말을 성인이 다 돼도 듣는다면 그 사람은 이 사회에서 경쟁력이 없다고 봐도 무방하다. 사고와 표현이라는 것이 우리의 사회생활에서 얼마나 중요한가 하는 점을 지적하는 예이기 때문이다. 첫 문장은 사고의 부재를 질타하는 것이고, 두 번째 문장은 표현의 한계를 지적하고 있다.

한국어의 능력은 위에서 이미 언급한 바와 같이 읽기, 듣기, 말하기, 쓰기의 네 영역이다. 이 중에서 읽기와 듣기 영역은 독해 내지는 이해의 영역에 속하는 것이다. 곧 사고와 연관된 영역이다. 생각이 없다는 건 이 영역에 결함이 있다는 것을 의미한다. 독서나 수업 따위를 통한 지식 습득이 부족하다는 것이기도 하다. 그렇기 때문에 한국어로서 읽기와 듣기에 노력을 기울이는 것은 부족한 사고의 깊이를 쌓아가는 일이라는 점을 명심해야 한다.

그리고 쓰기와 말하기 영역은 자신의 사고를 드러내는 영역이다. 곧 표현에 해당한다. 표현이 부족하다는 건 이 영역이 상투적이거나 진부하다는 것을 뜻한다. 인간의 입장에서 보면 앵무새나 구관조는 사고 없이 인간의 말하기를 따라하는 조류에 불과하다. 자신이 개성 있는 문체나 화법으로 자신의 이야기를 풀어갈 수 없다. 그리고 그러한 음성 실현은 인간 음성 언어에 대한 기계적인 흉내 내기에 지나지 않는다. 인간이 앵무새처럼 따라하는 존재라면 그 언어적 창의성은 죽고 만다. 따라서 한국어로서의 쓰기와 말하기에 자신의 노력을 쏟는 일은 자신만의 색깔을 드러내는 한국어 표현 능력을 함양하는 것을 의미하는 것이다.

위에서 언급한 이해의 영역(읽기와 듣기)과 표현의 영역(쓰기와 말하기)은 서로 따로 노는 이질적 관계가 결코 아니다. 너무나도 밀접한 한 몸에 해당하거나 뗄 수 없는 자웅동체라고나 할까? 그래서 한국어 능력은 사고 능력과 표현 능력이 하나가 되는 그 무엇이기도 하다.

05 | 디지털 시대에 한국어라는 무기

바야흐로 디지털 시대다. 더 이상 아날로그는 없다. 디지털이 지닌 단점 때문에 최근에 디지로그라는 신조어가 탄생하기도 했지만, 디지로그도 디지털이 기반이다. 언뜻 보면 디지털과 한국어는 왠지 모를 거리감이 있다. 그러나 오히려 디지털 시대의 한국어는 그 사용 능력과 관련하여 더욱더 중요한 도구가 돼 가고 있다. 두 영역에서 주목해 보자. 바로 글을 쓴다는 것과 말을 한다는 것. 그러나 지금 여기서 강조하고자 하는 것은 단순한 쓰기 능력이나 일상 대화 속에서 말하기가 아니다. 소통을 기반으로 한 글쓰기와 말하기다.

특히 대학에서 학문 목적 글쓰기는 글을 짓는 것과 다르다. 단순히 작문을 하는 것은 남을 고려한 글쓰기라기보다는 글의 테크닉을 쌓는 학습자의 훈련에 불과하다. 중요한 것은 이해를 바탕으로 소통의 관점에서 대학 글쓰기를 하고 있느냐는 것이다. 다시 말하면 내 글이 대학에서 독자에 해당하는 교수와 한국인에게 설득력이 있냐는 것이다. 내 글을 남이 주목하지 않는다면 그것은 단순한 글짓기에 불과하다. 대학에서는 글짓기를 요구하는 것이 아니라 자신의 생각을 학술적으로 잘 구현해 내는 학문 목적 글쓰기를 원한다는 것을 잊어서는 안 된다.

대학에서 말하기는 단순히 청자와 대화하는 것이 아니다. 디지털 시대 말하기는 여러 상황에서 자신의 생각을 프레젠테이션하는 것이다. 프레젠테이션의 고전을 떠올린다면 아마 웅변의 추억이 우리 모두에게 자리를 잡고 있을지 모른다. 학생이 청중을 향하여 외치는 패기에 찬 연설…… 그러나 그것은 그뿐이다. 메아리 없는 외침에 불과하다. 진정한 대학에서 말하기는 다양한 프레젠테이션 효과를 이용하여 자신이 알고 있는 학문적 내용을 남과 소통하고 자신의 학문적 입장을 남에게 설득하는 것이다.

영어는 분명히 경쟁력이 있다. 잘하면 잘 나간다. 소위 좋은 직장과 성공을 보장할 수 있는 무기다. 그러나 영어가 경쟁력이라고 지나치게 그것에만 집착하는 분들이 착각하고 있는 것이 하나가 있다. 비용 대비 효용에 대한 착각이다. 특별히 천재적인 어학 능력의 소유자가 아닌 이상 영어 역시 정복하기 쉽지 않은 외국어일 뿐이다. 그 만큼 많은 비용과 시간을 투자해야 한다. 그것에 비하면 효용은 빨리 나타나지 않는다. 외국인이 한국어를 배우는 것도 마찬가지일 수 있다. 그러나 한국에 와서 대학을 다니면서 한국어를 익히는 외국인은 이미 자신만의 스펙 강화를 위해 좀 더 한국어를 고급스럽게 배우길 바란다.

우리나라에서 한국어를 배우는 외국인이 현실적으로 글쓰기와 말하기를 먼저 영어로 자유롭게 할 수 있는 환경인가? 불가능한 일이다. 영어라는 무기는 글로벌 생존의 도구이긴 하겠으나, 우선 이 한국의 대학에서 '나'를 드러내기 위해서 딱 좋은 것은 두말 할 것도 없이 한국어로 고급스럽게 쓰고 말하는 것이다. 한국어로 쓰되 짓지 마라! 한국어로 말하되 외치지 마라! 디지털 시대에 한국어의 경쟁력이라는 것은 외국인 자신이 이곳에서 한국어를 생존력의 무기로 삼아야 한다는 것이다.

따라서 위와 같이 '한국어가 경쟁력이다'라는 구호에 부합하고 보다 고급스러운 한국어로 외국인이 학문하는 데 도움을 주기 위해 이 교재는 한국어에 대한 개론서이자 대학에서 학문 목적으로 공부하고자 하는 외국인들을 위한 한국어 글쓰기의 지침서라 할 수 있다.

제 2 장 외국인을 위한 대학 글쓰기 〈예비 단계〉

한국어를 배우는 외국인들의 수요가 증가하면서
대학에도 한국어 프로그램을 고급으로 수료한 학생 중심으로
학과에 입학하거나 교환 학생으로 공부하는 학생도 함께 늘고 있다.
한국어문학부뿐만이 아니라 기타 다른 학과에 외국인들이 입학하면서
자연스럽게 외국인을 위한 대학 글쓰기의 필요성이 대두되었다.
외국인을 위한 대학 글쓰기는 어떻게 정의를 내릴 수 있을까?
그리고 외국인을 위한 대학 글쓰기 교육 과정은 무엇인가?
그리고 외국인이 대학 글쓰기를 하기 위해
사전에 전제되어야 할 것은 무엇인지 살펴보고자 한다.

1. 외국인을 위한 대학 글쓰기란?

대학 글쓰기가 대학 사회에서 질적 변화를 가져온 지 4년이 흘렀다. 각 대학은 대학의 처지에 맞게 교양 교육의 일환으로 글쓰기 교과 과정을 개편하였다. 2002년 <의사소통개발센터>를 설립한 숙명여대를 필두로 서울대, 고려대, 연세대, 성균관대, 한성대,[1] 가톨릭대 등이 앞을 다투어 '대학 국어' 혹은 '대학 작문'의 시대를 마감하고 새로운 대학 글쓰기 프로그램을 운영하기 시작했다. 글쓰기 교육의 패러다임이 바뀌고 있는 것이다. 이러한 변화에 따라 각 대학의 글쓰기 프로그램도 다양하게 분화되고 변형되어 발전해 가고 있는 상황이다.

대학 글쓰기 과목은 대체로 아래와 같이 그 성격이 변해 왔다. 여기서는 초창기의 <대학국어>와 <대학작문>의 시대로부터 그 변화의 흐름을 현재 대체로 아래 5유형으로 설정해 보고자 한다.

---

[1] 한성대의 경우 2006년 <사고와 표현> 교육 과 정위원회를 설치하고 대학 글쓰기 교육과정을 '읽기'와 '쓰기' 중심의 <사고와 표현Ⅰ>(1학기 2학점), '말하기'와 '쓰기' 중심의 <사고와표현Ⅱ>(2학기 2학점)으로 운영하면서 현재에 이르고 있다.

1유형 : 〈대학국어와 작문〉－전통적 대학 글쓰기

↓

2유형 : 〈사고와 표현〉－대학 글쓰기의 방향 전환

↓

3유형 : 〈사고와 표현〉의 분화－글쓰기의 기초 / 전공별 글쓰기

↓

4유형 : 말하기 영역의 구축과 확산－발표(프레젠테이션)와 토론

↓

5유형 : 글쓰기 모형의 도입－CAP 모형, 읽기－쓰기 모형

이미 언급한 바와 같이 현재 많은 대학의 글쓰기 프로그램은 1유형을 벗어나 2유형 수준에서 그 성격 규정과 관련하여 자체적으로 재정비를 하고 있다. 그러한 과정에서 3유형 수준으로 수렴돼 가고 있는 실정이다. 또한 대학 글쓰기는 학교에 따라서 읽기를 전제로 한 쓰기 교육과 말하기 교육으로 변모해 가는 과정에 있기도 하다.[2] 따라서 2유형에서 4유형까지의 구분이 단순히 과거와 현재를 보여주는 글쓰기 유형의 변모 흐름이라기보다는 대학 글쓰기의 분화를 보여주는 구분일 뿐이다. 다만 5유형의 논의는 대학 글쓰기 성격과 연관된 이론적 모색이라고 할 수 있을 것이다.

위의 흐름을 통해서 알 수 있는 것은 아래 유형으로 내려갈수록 대학 글쓰

---

2) 한성대의 Writing Center(http://writingcenter.hansung.ac.kr/)의 〈사고와 표현 I , II〉과 숙명여대 의사소통센터(http://code.sookmyung.ac.kr/index.htm) 〈글쓰기와 읽기〉, 〈발표와 토론〉은 이러한 흐름과 맞닿아 있다.

기의 변모 양상이 보다 정밀해지고 있으며 체계성을 갖춰 가고 있다는 점이다. 그러나 그렇다고 해서 이러한 대학 글쓰기 성격의 흐름이 반드시 가장 합리적이라고 단언할 수 없다. 대학마다 지향하는 글쓰기 성격과 수준은 다양하지만, 글쓰기 과목의 성격에 대한 논의는 좀 더 섬세해질 필요가 있기 때문이다.

정희모(2005)에서는 대학 글쓰기 목표와 방향을 위해 아래와 같은 네 가지 질문을 던지고 있다.[3]

> ① 대학 글쓰기 교육의 목표는 문장 교육과 표현(글쓰기-완성된 글) 교육에 한정되는가?
> ② 대학 글쓰기 교육의 목표는 다양한 문식성 교육을 통해 언어 기능을 확장시키는 것인가?
> ③ 대학 글쓰기 교육의 목표는 교양적이고 창의적인 인간 계발이라는 교양 정신의 함양에 귀속되는가?
> ④ 대학 글쓰기 교육의 목표는 사고력과 지성적 교양인이 되기 위한 기초 능력을 함양하는 것인가?

정희모(2005)에서는 위의 질문에 부합하는 글쓰기 유형이 각 대학에 존재하고 있다고 보고 그 장단점에 대하여 논의하고 있다. ①과 ②가 대체로 '쓰기를 위한 학습(Learning to write)'에 해당하고, ③과 ④는 '학습을 위한 쓰기(Writing to learn)'에 해당할 것이다. '쓰기를 위한 학습'이라는 유형을 바탕으로 말하기 및 토론, 읽기(독서)의 내용이 교육 과정에 반영된 대학은 한성대, 숙명여대의 경우

---

3) 정희모(2005), 120쪽 참조할 것.

이고, 가톨릭대와 성균관대 등은 '학습을 위한 쓰기' 교육 과정이 반영된 학교라고 이해된다.

그런데 과연 대학 글쓰기의 성격을 '쓰기를 위한 학습(Learning to write)' 혹은 '학습을 위한 쓰기(Writing to learn)' 어느 하나로 규정할 수 있는가? 현상적으로 보면 이 두 가지 경향이 대학 글쓰기 성격 논의의 논란으로 비춰질 수도 있다. 인문학을 바라보는 시선의 차이일 수 있겠으나, 어문 계열의 관점을 반영한 대학 글쓰기는 '쓰기를 위한 학습'에 초점을 더 맞추고 있는 반면에, 철학 계열의 관점을 반영한 대학 글쓰기는 '학습을 위한 쓰기'에 집중하는 경향이 있다는 점은 분명하기 때문이다.

그리고 정희모(2005)에서 제일 주목하고 있는 '읽기-쓰기' 모형(Reading to write)이 이상적이라고 볼 수 있는가? 정희모(2005)에서는 이 모형의 장점을 높은 차원의 읽기 능력 배양, 초등 중심의 과정 중심의 글쓰기의 극복, 책을 통해 지식을 생산하는 대학의 지적 생산 방식에 부합될 수 있다는 데 두고 있다. 이 모형이 미국의 대학 글쓰기 교재에 반영돼 있다는 점도 그 장점으로 부각하고 있다. 그러나 이 모형도 대체로 '쓰기를 위한 학습(Learning to write)'에 해당한다는 점에서 대학 글쓰기의 성격을 온전히 반영하고 있다고 보기는 어렵다.

대학 글쓰기 성격과 관련하여 위의 질문들은 대단히 유효한 문제 제기이지만, 대학 글쓰기의 교과 과정이 보다 효율적이기 위해서 대학 글쓰기의 성격과 그 모형을 고민하기보다는 대학 글쓰기 단계 설정의 구축에 대한 논의가 우선적일 필요가 있다. 그것은 바로 글쓰기 학습자에 대한 수준 및 전공과 관련이 있다. 따라서 대학 글쓰기 교육 과정의 성격은 모형 중심이 아니라 학습자의 다양한 수준과 환경을 고려한 단계 중심적이어야 한다는 것이다.

따라서 위에서 제시한 대학 글쓰기의 네 가지 성격은 대학 글쓰기의 교육 과정에서 단계적으로 반영되어야 한다. 위에서 제기한 대학 글쓰기의 네 가지 성격을 크게 '쓰기를 위한 학습(Learning to write)'과 '학습을 위한 쓰기(Writing to learn)'로 양분하여 바라보는 것은 대학 글쓰기의 단계적 교육 과정의 성격 안에서 논의될 성질이다. 결국 대학 글쓰기를 단계적으로 바라보는 교육 과정이 우선이고, '쓰기를 위한 학습'과 '학습을 위한 쓰기'는 그 안에서 학습자의 입장에서 글쓰기 선후의 문제라는 점을 강조하고자 한다. 그리고 이것이 대학 글쓰기의 거시적 모듈화의 전제다.

위와 같은 대학 글쓰기의 개념 규정은 학습자가 외국인일 경우를 고려하면서도 논의되어야 한다. 외국인도 대학에서 '쓰기를 위한 학습(Learning to write)'과 '학습을 위한 쓰기(Writing to learn)'의 두 영역에서 노출돼 있기 때문이다. 외국인의 경우 '쓰기를 위한 학습(Learning to write)을 한국어 교육 프로그램에서 어느 정도는 경험했다고 볼 수는 있으나, '학습을 위한 쓰기(Writing to learn)에 대한 교육은 외국인에게 거의 전무하다. 바로 이 점 때문에 외국인 학습자의 수준을 고려한 대학 글쓰기가 강조되는 것이다.

결국 대학 글쓰기는 대학에 입학한 학생들이 학문의 세계에 들어가면서 처음으로 접하는 고급 글쓰기에 해당한다. 즉 학문 목적 글쓰기라고 할 수 있다. 이러한 대학 글쓰기는 한국어를 모어로 사용하는 학생뿐만이 아니라 한국에서 대학을 다니는 외국인에게도 절실히 요구되는 것으로 학습자라는 대상과 그 수준이 다를 뿐, 대학에서 필수적으로 적용되어야 하는 글쓰기라고 할 수 있겠다.

1 '쓰기를 위한 학습(Learning to write)'과 '학습을 위한 쓰기(Writing to learn)'의 개념 차이가 무엇인지 설명해 보자.

2 외국인이 대학 글쓰기를 하고자 할 때 겪는 가장 큰 어려움은 무엇이 있는지 자신의 처지에 비추어 말해 보자.

괴발개발? 개발새발? 개발쇠발? 그리고 인터넷 시대의 글쓰기

정보화 시대가 활짝 열렸다. 이제는 인터넷을 모르면 컴맹(com盲)의 수준을 넘어 넷맹(net盲)이라는 소리를 듣는 시대인 것이다. 자연히 컴퓨터와 친숙해진 사람들에게는 펜을 가지고 직접 글을 쓰는 경우가 드물게 되었다. 그러다 보니 글씨를 잘 쓴다는 소리를 듣는 사람도 흔하지 않을뿐더러 우리는 원고지 위에 그만의 개성이 드러난 '괴발개발'의 글(씨)도 보기 어렵다. '괴발개발'의 글조차 그리운 시대! '개발새발' 혹은 '개발쇠발', 무엇이 맞는 표현인가?

우리는 예전에 글을 배우고 받아쓰기 등의 시험을 보고, 쓰기 숙제를 하면서 선생님이나 부모님에게서 "글씨가 이게 뭐야? 발가락으로 써도 이 정도보다는 낫겠다. 너 그렇게 개발새발로 글씨를 쓸 거니?"와 같은 핀잔을 들어 본 경험이 있을 것이다. 그러면서 우리는 입말투(구어체)에서는 '개발새발 / 개발쇠발'에 더 익숙했고, 그 표현이 맞는지 틀린지 따져 보지도 않았다. 그러나 과연 '개발새발 / 개발쇠발'이라는 표현이 맞는가? 그런데 '개발새발'이 아니라 '괴발개발'이 올바른 표현으로 사전의 한 구석을 차지하고 있으니 그 의미를 정확히 알아보자.

괴발개발[괴:--- / 궤:---] 閉고양이의 발과 개의 발이라는 뜻으로, 글씨를 되는대로 아무렇게나 써 놓은 모양을 이르는 말.

어떠한 상태, 모양을 나타내는 위의 부사는 '괴 + 발 # 개 + 발'로 분석된다. 이 중에서 '괴'는 고양이의 방언(강원, 경상)이자 옛말(고어)이다. 조선 시대의 한자 학습서 '훈몽자회(訓蒙字會)'(1527)에서는 '貓'를 '괴 묘'로 풀이해 놓은 데서도 확인된다. 물론 '발'은 발(足)이요, '개'가 개(犬)인 것은 당연하다. 한편 '괴'와 어울리는 단어는 '괴냉이, 괴생이(고양이의 경남 방언),' '괴데기(고양이의 전남 방언), 괴래기(고양이의 경북 방언)' 등이 있으니 '괴' 참 다양하기도 하다. 이쯤 되면 '괴발개발'로 글씨는 쓰더라도 그 표현은 맞게 쓰는 게 옳지 않을까?

어느 문인은 넷맹이 아니면서도 아직까지 자신의 문학 작품은 원고지에 펜으로 쓴다고 한다. 시대적 대세를 거스를 수는 없다. 그러나 연인에게 보내는 편지, 자신의 일기, 그리고 붓 가는 대로 쓰는 낙서 정도는 '개발새발 / 개발쇠발(×)'이 아니라 '괴발개발'이 될지언정 나의 혼이 진정으로 담긴 원시적(?) 작법(作法) 내지는 글(씨) 쓰기로 그 흔적을 남기는 건 어떨는지? 그것 또한 비인간화 시대의 낭만일지도 모르겠다.

2. 외국인을 위한 대학 글쓰기 교육 과정

외국인을 위한 대학의 글쓰기 교육은 각 대학의 어학원에서 진행되는 한국어 교육 과정의 '쓰기' 교육의 연장인가? 아니면 그 이상인가? 논란의 여지가 있는 문제이긴 하겠으나, 외국인을 위한 대학 글쓰기 과목의 성격을 규명하고 바람직한 대학 글쓰기 교육 과정을 수립을 위한 전제로서는 이 문제 제기는 유효하다. 왜냐하면 외국인을 위한 대학 글쓰기 교육은 효율적인 교육 과정과 그 거시적 모듈화가[4] 제대로 완성되지 않았기 때문이다.

외국인을 위한 대학 글쓰기 교육 과정에서 학습자의 1차 대상은 대체로 1학년이다. 그러나 1학년 이외에도 다양한 목적으로 대학 글쓰기 과목을 수강하고자 하는 재학생들이 있기 때문에 그 대상은 전학년에 해당한다. 일반적으로 대학 글쓰기 교육 과정은 1학년에 국한해서 운영되어야 한다는 편견을 가지고 있

---

[4] 모듈의 일반적 정의가 "프로그램을 기능별로 분할한 논리적인 일부분"이라고 할 때, 이 부분은 두 영역으로 나뉠 수 있다. 그 하나가 거시적 측면이고 다른 하나는 미시적 측면이다. 거시적 측면의 모듈화는 대학 글쓰기의 교육 과정, 커리큘럼의 조직화를 말하며, 미시적 측면의 모듈화는 각 글쓰기 과목의 내부 강의 요목화라고 정의하고자 한다.

는 교수와 강사들이 있다. 그러나 이러한 시각은 재고될 필요가 있다. 대학에서 학문 활동은 강의 수강과 도서관 이용, 그리고 과제 수행 등으로 나눌 수 있는데, 이 중에서 모든 강좌에서 과제가 부여되고 그 과제는 글쓰기의 형태로 산출된다는 점을 고려하면 외국인을 위한 대학 글쓰기 교육 과정이 1학년에 국한되어야 한다는 기존의 시각은 바꿔야 한다. 아울러 외국인 학생들의 글쓰기 수준은 학년뿐만이 아니라 전공에 따라서 다양하다는 점도 고려되어야 한다.

따라서 학습자의 내적, 외적 수준들을 고려하는 것은 당연하다. 대체로 학습자의 수준 변인은 아래의 질문 속에서 그 해답을 찾아 볼 수 있을 것이다.

① 외국인 학습자는 중등 교육에서 작문 교육을 이수하였는가?
② 외국인 학습자는 한국어 교육 프로그램의 쓰기 교육을 받았는가?
③ 외국인 학습자는 대학 글쓰기에서 각 학년의 수준 차이를 보이는가?
④ 대학 글쓰기에서 외국인 학습자의 전공 별 수준 차이는 드러내는가?
⑤ 대학 글쓰기에서 외국인 학습자의 개인 별 수준 차이는 없는가?

경험적이고 귀납적 분석이[5] 전제되어야 할 것이지만, ①과 ②는 대학 글쓰기 외국인 학습자의 예비 수준을 점검하는 문항이다. 중등 교육에서 작문을 이수한 학습자와 한국어 교육 프로그램에서 쓰기를 경험한 학습자들은 그렇지 않은 학습자들보다 글쓰기의 기초가 마련돼 있을 개연성이 크다. ③과 관련하여 대체로 1학년보다 고학년의 글쓰기 수준이 대체로 높을 것이다. 대학에서 이루

---

5) 각 대학 별마다 재학생을 대상으로 다양한 척도를 활용하여 학년 별, 전공 별, 개인 별 글쓰기 역량을 측정할 수 있는 검증 시스템이나 도구를 마련할 필요하다.

어진 학문 활동에 더 많이 노출된 학생들이 대학 글쓰기에 상대적으로 능숙할 수 있기 때문이다. 글쓰기 유형이 다르기 때문에 직접 비교가 쉽진 않겠으나, ④와 관련하여 인문대나 사회과학대 학습자가 다른 단과대학 학습자들보다 독서 환경에 더 익숙하기 때문에 글쓰기 수준이 높을 것으로 판단된다. 그러나 ⑤와 관련하여 학년과 전공에 무관하게 개인 별 수준 차이 역시 존재할 것이다.

이러한 다섯 가지의 학습자 수준 변인을 고려했을 때 외국인 학습자의 글쓰기 성취도를 하나의 기준으로만 판단하기 어렵다. 따라서 작문 과목 이수 여부, 한국어 교육 프로그램 경험, 학년, 전공, 개인의 쓰기 능력 등을 종합해 고려해 보면서 단계에 따른 대학 글쓰기 교육 과정을 모듈화하는 것은 필수적이다. 그렇기 때문에 외국인 1학년 모두에게 똑같은 글쓰기 교육 과정을 이수하게 하는 것은 재고할 필요가 있는 것이다.

정희모(2005)에서 소개한 미국 대학들의 일반적인 글쓰기 교육 3단계를 보면 다음과 같다.

> • 1단계 : 기초 글쓰기−expository writing
> • 2단계 : 주제 집중 글쓰기−입학 시 제출한 에세이를 통과한 학생들을 위한 글쓰기
> • 3단계 : 전공 과목과 연계한 글쓰기와 수사학[6]

1단계의 기초 글쓰기는 대체로 문장 및 표현 교육 중심의 글쓰기에 해당하는 것으로 같은 외국인 1학년일지라도 입학 시 대학에서 부과하는 글쓰기 시험

---

6) 미국의 **MIT**나 하버드대 등에서 실시하고 있는 글쓰기 단계이다.

을 통과하지 못하면 필수적으로 이수할 교과 과정이다. 그러나 입학 시 대학에서 부과하는 글쓰기 시험을 통과했다면 2단계 글쓰기 교육 과정부터 학생들이 이수하면 된다.

이 2단계 글쓰기는 단순히 특정 주제 중심의 글쓰기가 아니라 과정 중심의 글쓰기 안에서 특정 주제 중심의 글쓰기가 달성되는 교육 과정으로 이루어져야 한다. 한성대의 1학년 <사고와 표현>은 2단계와 유사하다고 볼 수 있다. 다만, 2단계 글쓰기를 앞에서 언급한 바와 같이 '쓰기를 위한 학습(Learning to write)'과 '학습을 위한 쓰기(Writing to learn)'로 나누어 생각해 볼 수 있다. 전자는 외국인의 대학 글쓰기의 2단계로, 후자는 대학 교양 글쓰기를 위한 것으로 나눠서 교육 과정을 설계해 볼 수 있을 것이다. 전자의 튜터는 한국문학 계열의 교강사일 것이고, 후자의 튜터는 해당 교양 글쓰기의 성격에 따라서 다양한 전공의 교강사가 담당할 수 있겠다.

3단계 글쓰기는 일부 대학에서 한국인 대학생을 대상으로 다소 거칠게 운영하고 있는 '인문학과 글쓰기, 사회과학과 글쓰기, 자연과학과 글쓰기' 등에 해당한다. 다만 국내 일부 대학에서 운영되는 이 글쓰기들이 진정으로 미국 대학에서 운영하는 전공과 연계된 글쓰기라고 보기는 어렵다. 오히려 국내 일부 대학의 '인문학과 글쓰기, 사회과학과 글쓰기, 자연과학과 글쓰기'는 2단계 대학 교양 글쓰기에 가깝기 때문이다. 일종의 전공 진입 글쓰기라고 할 수 있다. 이 3단계 글쓰기 교육 과정의 수립은 각 학부의 전공과 연동되어야 하기 때문에 전공 교수들의 동의가 전제되어야 한다.

이러한 세 단계 글쓰기를 학습자 환경의 변인, 즉 학년, 전공, 개인 별 수준과 함께 고려하여 설정할 때, 다소 거칠지만 다음과 같은 교육 과정이 이상적으로 제안될 수 있을 것이다.

글쓰기 단계	유 형	비 고
1단계	외국인을 위한 기초 글쓰기(한국어권 화자 / 비한국어권 화자)	필수 및 선택
2단계	외국인을 위한 과정 중심 대학 글쓰기(전공별)	필수
2단계	외국인을 위한 주제 중심 교양 글쓰기(학년별)	선택
3단계	전공 연계 글쓰기	필수

여기서 말하는 한국어권 화자는 한국어와 다른 외국어를 함께 구사하는 이중언어(Bilingualism) 화자에 해당한다. 예컨대 재중동포(조선족), 재미동포, 재일동포(민단 / 총련 포함) 등이 이에 해당한다. 외국인을 위한 학문적 글쓰기에 대하여 최근에 한국어 교육에서 그 논의가 본격적으로 이루어지고 있는 것으로 알려져 있다.

1 외국인을 위한 대학 글쓰기에서 외국인 자신이 가장 먼저 학습하고 싶은 내용은 무엇인가? 아래 항목을 순서대로 골라 그 이유를 말해 보자.

① 한국어 문장 올바르게 쓰기
② 정보 전달을 위한 설명적 글쓰기
③ 설득 전략을 위한 논리적 글쓰기
④ 다양한 장르 중심의 글쓰기
⑤ 어문 규정에 맞게 한국어 쓰기

2 자신의 전공과목과 연계한 한국어 글쓰기에서 가장 요구되는 사항은 무엇인지 말해 보자.

뇌졸중과 풍비박산

만물이 소생하는 봄은 인생으로 말하면 청춘이다. 그 누가 말했던가? 신록의 계절에 어울리는 청춘 예찬을! 그래서 우리는 과거 이 시기에 청춘의 기백을, 청춘의 혼을 불사르지 않았던가?

그러나 우리의 인생은 마냥 청춘일 수는 없다. 어느새 백발이 지름길로 오고야 말 것이며, 청춘은 마음속에만 청춘이요, 지나가 버린 화려한 우리의 뒤안길이 되고 있다. 그와 더불어 우리의 건강도 세월의 흐름을 거역하지 못하고 날로 쇠잔해 가고 있으니 이 또한 인생의 순리라고 말할 도리밖에 없다. 가야할 때를 알고 가는 이의 뒷모습이 그 얼마나 아름다운가 하며 어느 시인은 또 그렇게 외쳤으니 말이다.

그러나 가야할 때가 아닌 사람이 가는 슬픈 현실 때문에 우리는 때로 절망하기도 하고 그것을 타산지석으로 삼아 자신의 건강을 되돌아보기도 한다. 그런데 무슨 계절의 아이러니인가? 봄이라는 이 생명의 시간에 우리는 자신의 생명을 저버리고 가는 이들을 많이 보게 된다. 다음의 문장을 보자.

> 가장의 갑작스런 뇌졸증으로 인해 그 가정은 순식간에 풍지박산이 나고야 말았다.

위의 문장에서 우리는 우리가 흔히 접하고 있는 두 단어가 잘못 쓰이고 있는 것을 알고 있다. 그 하나가 뇌졸증이요, 다른 하나는 풍지박산이다. 이 두 단어는 언뜻 보면 틀림이 없는 단어인 듯 보이나, 전자는 뇌졸중(腦卒中)으로 써야 맞고, 후자는 풍비박산(風飛雹散)으로 써야 옳다. 우리의 입말투가 뇌졸증, 풍지박산으로

굳어져 있어서 무심코 그렇게 쓰고 있으나 사전을 보면 다음과 같이 그 해답을
제시하고 있다.

> **뇌-졸중(腦卒中)[뇌-쭝 / 눼-쭝]**
> 명【의학】뇌에 혈액 공급이 제대로 되지 않아 손발의 마비, 언어 장애, 호흡
>   곤란 따위를 일으키는 증상.
>
> **풍비-박산(風飛雹散)[---싼]**
> 명 사방으로 날아 흩어짐.
>
> **풍지-박산**
> 명 '풍비박산'의 잘못.

뇌졸중을 '뇌졸증'으로 말하거나 쓰는 것은 '빈혈증, 식곤증, 골다공증, 소갈
증' 등에서 쓰이는 '증(症)' 때문에 잘못 유추된 결과로 파악된다. 그러나 뇌졸중
은 위에서 알 수 있듯이 뇌가 '졸중(卒中)' 상태에 이른 것으로 '졸중'은 곧 졸중
풍(卒中風)의 준말에 해당한다고 볼 수 있다. 그런 의미에서 뇌졸증이 될 수 없는
것은 당연하다. 그리고 풍비박산을 풍지박산이라고 함은 역시 잘못된 표현이 습
관화된 경우로, 추측컨대 'ㅣ' 모음 앞에서 'ㄷ'이 'ㅈ'이 되는 현상이 지나치게
잘못 유추되어 그 발음으로 잘못 굳어져 사용된 것이다. 따라서 '풍비(風飛)'가 바
람을 타고 날아 흩어짐이라는 의미를 띠고 있으니 '풍비박산'으로 써야 옳다.

제 3 장 외국인을 위한 대학 글쓰기 〈실전 단계〉

이 3장에서는 외국인이 실제로 대학 글쓰기를 어떤 과정을 거쳐
어떻게 수행해야 하는지에 대하여 살펴볼 것이다.
주제를 설정하고, 개요를 작성하고,
글쓰기의 자료를 수집해 활용하는 문제를
다양한 연습과 활동을 통해서 먼저 알아보고
본문 글쓰기 단계에서 단락 쓰기와 요약하기에 초점을 맞춰
한 편의 글이 완성된 후 거쳐야 할 고쳐 쓰기 문제도
아울러 검토해 볼 것이다.

1. 어떻게 하면 한국어로 글쓰기를 잘할 수 있을까?

독자를 염두에 두고 글을 쓴다는 것은 중요한 사회적 실천 행위의 하나이다. 그렇기 때문에 그 글 속에서 나를 드러내고 나의 생각을 표현하는 것은 그리 간단한 것이 아니다. 그래서 글을 쓰는 것은 자기표현의 경쟁력이기도 하지만, 글을 쓰는 데 두려움이 앞서는 것은 당연하며 때로는 두려움으로 다가오기도 한다. 그러나 이 난관을 극복하기 위해서 우리는 몇 가지 유의할 것이 있다.

첫째, 반드시 글을 읽는 독자를 고려해야 한다. 어떠한 논제에 당면하더라도 잊어서는 안 될 것이 바로 독자를 떠올리는 일이다. 대학 글쓰기의 독자는 각 대학의 교수들이다. 이들은 독자이면서 평가자이기 때문에 불가피하게 이들을 위한 한국어 글쓰기 되어야 한다. 이들이 친구나 부모님과 같은 친근한 존재가 아니라 냉정하게 글로 평가하는 사람들임을 잊지 말자.

둘째, 한국어로 한 편의 글을 완성하기 위하여서 전제되어야 하는 것은 좋은 설계도를 그리는 것이다. 미학적 관점에서는 좋은 밑그림이나 스케치를 하는 것일지도 모른다. 간혹 한국어로 한 편의 글을 쓰는 외국인들이 개요 작성의 절차를 거치지 않고 거침없이 글쓰기를 하는 경우를 본다. 아무리 머릿속에서 논리적 사유가 잘 된다고 할지라도 이런 글은 깊이가 없기 마련이다. 반드시 완성된 글을 쓰기 전에 자신만의 개요를 작성하자. 그것이 항목식 개요든 아니면 문장식 개요든 상관이 없다.

셋째, 한국어로 글을 쓰는 과정에서 적절한 어휘 사용, 짧고 명료한 문장, 그리고 효율적 단락 구성의 3단계를 기억하자. 내가 한 문장을 구성하는 어휘를 적절하게 사용하고 있는지 문장을 쓴 후 다시 피드백을 해 보아야 할 것이고, 내가 정확한 문장으로 표현했는지 한 단락을 완성한 후 되돌아보아야 한다. 그리고 한 단락이 완성되면 전체 단락과 유기적 관계를 맺고 있는지 거듭 확인하면서 한 편의 글을 써야 한다. 삼위일체란 말이 있다. 아무리 좋은 사유를 바탕으로 글을 쓴다고 하더라도 이 세 요소가 단계적으로 이루어지지 않으면 호소력이 없다.

넷째, 우선 한국어로 대학에서 글을 쓴다는 것은 문어체적 표현의 극대화이다. 지나친 상대 경어법(습니다체)이나 구어체 표현은 지양해야 한다. 압축적으로 글을 써야 한다면 오히려 고유어보다 적절한 한자어를 구사하는 것이 더 좋다. 한자어는 학문적 개념을 응축해 놓은 한국어 고급 어휘에 해당한다. 따라서 사전과 같은 도구를 이용하여 고급 어휘를 많이 익히도록 하자.

다섯째, 이미 자신의 머릿속에 있는 분명한 자신의 생각을 명료하지 않는 진술로 끝맺지 말자. 말줄임표(……)를 빈번하게 사용하는 것과 '~인 것 같다'와 같은 불확실한 표현을 삼가야 한다. 말줄임표나 '~인 것 같다'와 같은 표현을 자주 사용하는 글에는 자신감이 결여돼 있다. 자신감이 부족한 글에는 설득과 감동이 있을 수 없다. 따라서 자신의 표현이 분명한 글을 쓰도록 하자.

　　마지막으로 한 편의 글을 쓰다 보면 서론, 본론, 결론의 구성이 글의 짜임새를 이루는 기본이지만 그것을 지나치게 형식적으로 사용하여 글을 쓰지 말자. 글 전체적인 흐름 속에서 자연스럽게 시작과 맺음이 이루어져야 한다. 특히 본론에서 자신의 주장을 기계적으로 나열하는 식의 글쓰기를 지양해야 한다. 이런 글은 건조하고 개성이 없는 밋밋한 글이다. 같은 내용을 전달하고 주장하더라도 자신만의 문체와 자연스러운 문맥 흐름을 만들어 글을 쓰도록 노력해야 한국어의 맛이 살아난다.

　　위와 같이 좋은 글쓰기의 기본 조건들은 물론 제2언어로 한국어를 배우는 외국인이 자신의 모국어로 한 편의 글을 쓰고자 할 때도 마찬가지다. 각 나라의 언어가 가지고 있는 그 언어만의 독특한 맛이 있기 때문에 자신의 모국어로 생각을 하고 그것을 제2언어(한국어)로 변환하여 글을 쓰는 것은 쉬운 일이 아니다. 그러나 하루도 거르지 않고, 한국어로 쓰인 다양한 장르의 글을 읽음으로써 개별 언어 간의 차이를 느끼고 자신만의 논리적이고 개성적인 글을 써 나갈 수 있는 것이다.

1 한국어로 대학 글쓰기를 할 때 유의해야 할 점 여섯 가지를 다시 한 번 정리해 보자.

2 아래 글은 한국어의 어떤 특성을 강조하고자 쓴 글인지 파악해 보자.

아버지 / 어머니에 대한 높임의 지칭어는?

우리말처럼 경어법이 발달한 말도 드물다. 그만큼 언어생활에서 화자와 청자 사이의 관계를 고려해야 하기 때문에 잘못 사용한 경어 표현은 언어 예절에 어긋나는 결과를 낳으며 그 사람의 인격과 지적 수준까지도 의심하게 하는 요인이 된다. 그러한 경어법 중에서 호칭어의 문제는 사회생활을 하는 우리 모두의 관심사이자 고민거리가 아닐 수 없다. 잘못 표현하거나 부른 지칭어, 호칭어 때문에 경우에 따라선 화자와 청자 사이에 주먹다짐까지 일어나는 경우를 종종 보기 때문이다. 그래서 이번 호부터 앞으로 몇 달간은 과연 어떤 지칭 / 호칭어가 올바른 것인가 하는 문제를 다루어 보고자 한다. 먼저 아버지와 어머니에 대한 높임의 지칭어에 대한 다음의 문장을 보도록 보자.

> 1) 자네 <u>선친(先親)께서는</u> 요즘 평안하신가?
> 2) 제 <u>자당(慈堂)께서는</u> 살아생전에 자식들을 많이 예뻐해 주셨습니다.
> 3) 돌아가신 <u>엄친(嚴親)께선</u> 항상 검소하시고 청렴하셨다지?
> 4) 자네 <u>자친(慈親)께서는</u> 올해 춘추가 어떻게 되시는가?

위의 문장은 언뜻 보았을 때는 별 무리가 없는 문장으로 여겨질 것이다. 그러나 네 문장 모두 잘못된 지칭 / 호칭의 높임말이 쓰였다. 우선 1)의 경우는 문장 자체가 성립할 수 없다. '자네'와 '선친'이 어울릴 수 없으며, '선친'과 '평안하신가' 역시 어울릴 수 없다. 그 이유는 단 한 가지다. '선친'이 남에게 돌아가신 자기 아버지를 이르는 말이기 때문이다. 그러니까 남이 살아 계신 나의 아버지를 '선친'이라고 하는 것은 당찮은 말 중에서 최고 당찮은 말이다. 따라서 1)의 문장은 5)와 같이 바뀌어야 하며, '선친'을 놔두려면 6)과 같은 문장처럼 내 돌아가신 내 아버지를 지칭해야 한다.

> 5) 자네 춘부장(椿府丈)께서는 요즘 평안하신가?
> 6) 제 선친 / 선고(先考)께선 살아생전에 항상 선생님 말씀 뿐이셨죠.

2)의 경우는 1)의 경우와 마찬가지로 문장 자체가 성립할 수 없다. '제'와 '자당', 그리고 '살아생전에'는 서로 어울릴 수 없다. '자당'은 살아 계신 남의 어

머니를 높여 이르는 말이기 때문이다. 여기선 '자당' 대신에 선비(先妣)이라는 표현을 써야 한다. 따라서 2)의 문장은 6)과 같이 바뀌어야 한다. 혹은 돌아가신 남의 어머니라면 7)과 같이 바꾸어야 한다.

>   7) 제 선비(先妣)께서는 살아생전에 자식들을 많이 예뻐해 주셨습니다.
>
>   8) 선대부인(先大夫人)께서는 살아생전에 자식들을 많이 예뻐해 주셨다지요?

또한 자신의 어머니가 살아 계신다면 다음과 같이 바꿀 수도 있을 것이다.

>   9) 제 자친(慈親) / 자위(慈闈)께서는 항상 자식들을 많이 예뻐해 주십니다.

3)의 경우도 '돌아가신'과 '엄친'은 서로 어울릴 수 없는 관계다. '엄친'은 말 그대로 엄한 나의 아버지를 높여 이르는 말이기 때문이다. 남이 엄친이라는 말을 쓸 수 없음은 당연하다. 이 경우는 역시 '선대인(先大人), 선고장(先考丈)'으로 바꾸어야 제대로 된 표현이다. 따라서 3)의 문장은 아래와 같이 써야 한다.

>   10) 선대인(先大人)께선 항상 검소하시고 청렴하셨다지?

4)의 경우는 자친(慈親)이라는 표현 대신에 '자당(慈堂)', '대부인(大夫人)', '훤당(萱堂)'이라는 표현을 써야만 합당하다. 후자의 어휘들이 모두 남의 어머니를

높여 이르는 말이기 때문이다. 따라서 다음과 같이 바꾸어 써야 한다.

11) 자당 / 대부인 / 훤당께서는 올해 춘추가 어떻게 되시는가?

결론적으로 말한다면, 아버지와 어머니에 대한 높임의 지칭어가 한자어이고 현재 자주 쓰이지 않기 때문에 좀 낯설게 느껴지기도 할 것이다. 그러나 이러한 표현 하나 하나가 자신의 언어 예절, 특히 경어 예절을 여실히 보여주는 것이라는 생각을 가지고 기왕에 쓰고자 한다면 정확히 쓰도록 하자.

	아버지		어머니	
	生	死	生	死
나	가친 / 엄친	선친 / 선고	자친 / 자위	선비
남	춘부장	선대인	자당 / 대부인	선대부인

삭월세? 사글세?

우리나라 사람들에게서 집이란 존재는 아마도 다른 어떤 사적 재산보다도 소중하면서 큰 의미를 지닌다. 어렸을 때의 일이다. 아버님께서 사업에 실패하시면서 집을 헐값에 팔아 우리 가족 모두가 전세로, 그리고 월세로 옮겨갔던 쓰라린 기억 때문에 나에게도 내 집 마련이라는 구호는 낯설지 않았다. 지금은 부모님께서 내 집 마련의 꿈을 이루셨고, 이제는 나 자신도 조그마한 보금자리를 마련했다. 물론 보증금 얼마에 월세로 사는 학생, 공원(公員) 등에 비하면 훨씬 윤택한 생활이다. 우리 가족, 아니 우리나라 가족의 역사는 어쩌면 내 집 마련의 역사라고 해고 과언이 아니다.

이 월세의 동의어, 삭월세 / 사글세 둘 중 무엇이 표준어인가라고 물으면 사글세가 맞다, 아니 사글세가 맞는다고 의견이 분분할 것이다. 아니면 둘 다 맞는 것이 아닐까? 그런데 유감스럽게도 이 단어는 복수 표준어를 인정하지 않고 '사글세' 하나만을 표준어로 인정하고 있다는 사실이다. 왜 그런가?

1988년 표준어 사정 원칙이 발표되기 전까지는 '월세(月貰)'의 동의어인 '삭월세'를 '朔月貰'의 뜻으로 잡아 '사글세'란 말과 함께 써 오던 것을, '朔月貰'는 단순한 한자 취음(取音)일 뿐이기 때문에 그것의 우리말 표기인 '삭월세'는 표준어로 인정되기 어렵다 하여 1988년 표준어 사정 원칙을 정하면서 '사글세'만을 표준어로 삼은 것이다. '삭월(朔月)'이 사전적 의미로 '음력 초하룻날의 달'이라는 뜻이기는 하나, 그것이 '삭월세'가 표준어로 인정될 수 있는 근거가 되지는 못한다.

또한 사글세만을 표준어로 삼는 까닭은 표준어 사정 원칙 제5항에 근거하고 있다. 그 제5항을 보면, "어원에서 멀어진 형태로 굳어져서 널리 쓰이는 것은, 그것을 표준어로 삼는다."라는 규정이 있다. 이 규정은 어원이 뚜렷하지만 언중들의 어원 의식이 약해져서 어원으로부터 멀어진 형태(사글세)를 표준어로 삼고, 아무리 어원에 충실한 형태(삭월세)이더라도 현실적으로 쓰이지 않는 것은 표준어로 삼지 않는다는 의미를 지니고 있다고 하겠다. 곧 언중들의 현실 언어생활을 반영한 조치라고 할 수 있다. 이러한 규정에 적용을 받는 단어에는 사글세 말고도 '강남(江南)콩 / 강낭콩'의 경우가 있는데 이 경우에도 '강남콩'을 버리고 '강낭콩'만을 표준어로 삼는다. 그 이유는 마찬가지다.

자 그렇다면 다음의 예들에서는 어떤 것을 표준어로 삼고, 어떤 것은 버릴 대상의 단어인지 외국인들 서로 내기라도 한번 해 보는 것은 어떨지…… 언중들의 현실 언어생활을 반영한 표준어 사정이라는 점에 그 힌트가 있음을 밝혀 둔다. 아래 어휘는 표준어와 비표준어의 대립이다. 표준어를 골라 보자. 그렇다면 당신의 우리말 실력은?

남비 / 냄비, 자두 / 오얏, 상추 / 상치, 미싯가루 / 미숫가루, 주책 / 주착

2. 무엇을 쓸까?

[1단계] 주제 설정

대학에서 한국어로 글쓰기를 하는 양상은 대개는 두 가지이다. 하나는 글을 쓰고자 하는 사람이 자발적으로 글쓰기를 하는 경우이고, 나머지 하나는 학과 과목을 수강하는 과정에서 글쓰기 과제가 부여됨으로써 의무적으로 글을 쓰는 경우다. 전자의 경우는 글을 쓰는 자신이 자유롭게 주제를 선정하여 글을 쓰기 때문에 특별한 제약이 있을 수 없다. 자신의 의도가 글 속에 잘 드러나면 그만이다. 그러나 글쓰기 과제가 다양한 형식으로 대학 강의에서 주어지는 경우는 한정된 주제가 제시되기 마련이다.

일반적으로 대학에서 글쓰기는 한다는 것은 학과 과목에서 주어진 글쓰기 과제를 학문 목적에 부합토록 수행하는 것이다. 따라서 주어진 글쓰기 과제는 그 수강 과목의 목적에 따라 분량, 글의 갈래 등을 바탕으로 주제가 설정된다. 다시 말하면 대개는 강제적으로 제시되는 주제가 대부분이다. 외국인 학습자는 그 주어진 주제를 어떻게 구체적으로 다룰 것인가를 궁리해야 하는 것이다.

예컨대 특정한 과목에서 "한국인의 청년 문화"라는 글쓰기 과제가 주어졌다고 가정하자. 외국인 학습자는 위의 주제를 포기하고 다른 것을 하겠다고 임의로 주제를 바꿀 수 없다. 특정 교과목 교수와의 약속이기 때문이다. 따라서 학습자는 선정된 그 주제를 어떻게 구체화할 것인가를 고민하는 게 글쓰기 과제 수행의 빠른 길이다. 거기엔 두 가지 방법이 있다. 하나는 주제와 연관된 소재를 떠올리거나 제재를 개성적으로 설정해 보는 일이다.

글쓰기에서 소재란 글에서 가장 기본이 되고 바탕이 되는 구체적인 재료다. 마치 하나의 음식을 만들기 위해 다양한 식재료가 필요한 것처럼 한 편의 글을 쓰기 위해서도 재료는 다양하다. 구체적인 사물이나 자연물뿐만이 아니라 추상적이고 관념적인 내용도 소재가 될 수 있다. "한국의 청년 문화"라는 주제의 소재는 '휴대폰, 음악, 동아리' 등 다양할 수 있다. 다만 그 소재는 아직 가공되지 않은 있는 그대로의 것으로 글감에 해당한다고 볼 수 있다. 특정한 주제에 접근하기 위해서 소재를 발굴하는 일은 그런 의미에서 중요하다.

연습 1

"한국의 청년 문화"라는 주제에 대한 소재는 위에서 열거된 것 말고도 어떤 것들이 있을 수 있는지 제시해 보라.

아래의 시를 읽고, 이 시의 소재와 제재, 그리고 주제에 대하여 말해보자.
또한 이 시가 어떤 한국의 대중가요로 불리고 있는지 조사해 보자.

진달래꽃 _ 김소월

나 보기가 역겨워
가실 때에는
말없이 고이 보내 드리오리다.

영변에 약산
진달래꽃
아름 따다 가실 길에 뿌리오리다.

가시는 걸음 걸음
놓인 그 꽃을
사뿐히 즈려 밟고 가시옵소서.

나 보기가 역겨워
가실 때에는
죽어도 아니 눈물 흘리오리다.

소재는 객관적 속성이 있기 때문에 그것을 다듬고 가공하려면 글을 쓰고자
하는 학습자 자신이 그 소재를 어떻게 다룰 것인가 고민해야 한다. 다시 말하

면 그 소재에 대하여 학습자가 특별히 주목하고 관심을 가지고 있는 면에 초점을 맞춰 접근해야 한다. 그 접근 결과의 표현은 곧 제재가 된다. 그것을 글쓴이의 의도에 알맞게 골라서 다듬고 가공해야 훌륭한 제재가 된다. 이 제재는 글의 제목이라는 형태로 겉으로 드러나기도 하고 글 속에 숨어 있기도 하다.

주제 선정 결과 주제에 대한 접근 방식이 신선하려면 바로 제재가 독자의 시선을 끌어야 한다. 외국인을 위한 대학 글쓰기에서 그 독자는 바로 강의를 진행하고 학생들을 평가하는 교수다. 과목의 성격과 목적에 맞게 글쓰기 과제를 수행하면서 참신한 제재를 글의 제목에 구체적으로 들어내는 것은 독자에게 좋은 첫인상을 주는 일이다. 왜냐하면 그런 글을 독자인 교수가 읽고 싶어지기 때문이다. 그런 의미에서 제재가 제목으로 제시되는 것도 친절한 글쓰기에 해당한다.

대학 글쓰기에서 특정 주제에 대한 구체적인 글의 제목은 몇 가지 순기능이 있다. 우선 독자로 하여금 글쓴이가 글을 쓴 의도나 글의 주제를 짐작케 하는 데 도움을 준다. 또한 흥미를 유발하는 제목을 제시함으로써 독자에게 궁금증을 유발하도록 하는 기능이 있다. 또한 글쓴이의 개성적이고 참신한 아이디어를 미리 엿볼 수 있다는 점에서 글에 대한 적절한 제목 달기는 글쓰기의 참된 시작이다.

위에서 예를 든 "한국의 청년 문화"라는 주제에 대한 한 편을 글을 완성하고자 할 때, 소재로 '휴대폰'을 선택했다고 하자. 그럼에도 불구하고 "한국의 청년 문화―휴대폰을 중심으로"와 같은 제목으로 글을 써 온다면 그 글의 첫인상은 밋밋할 뿐이다. 교수가 제시한 주제에 대한 구체적인 소재 선택 이외에 글쓴이만의 개성과 참신함은 어디에서도 찾아볼 수 없다. 위에서 언급한 '글의 제목 달기'의 장점을 고려한다면 아래의 글 제목은 어떤가?

<한국의 청년 문화>

"휴대폰으로 만나는 한국 젊은이들의 신세계"
－문자 메시지 이모티콘을 중심으로－

위의 글 제목은 "한국의 청년 문화－휴대폰을 중심으로"와 같은 평면적이고 밋밋한 제목 달기와 비교도 할 수 없는 개성이 들어 있다. "휴대폰으로 만나는 한국 젊은이들의 신세계"라는 제목에서 가동되고 다듬어진 소재를 발견할 수 있고, 한국 청년들의 문화 중 휴대폰 사용 문화를 또 다른 세상으로 바라보고 있다는 점에서 참신하다. 그러면서도 글쓴이가 어떻게 어떤 의도로 한 편의 글을 완성했는지 짐작해 볼 수 있다.

연습 3

"한국의 청년 문화"라는 주제에 대하여 적절한 자신만의 제목 달기를 구상해 보자.

만약에 <한국의 청년 문화> "'휴대폰 속 한국 젊은이들의 깜찍한 세상"－문자 메시지 이모티콘을 아세요?'와 같이 글의 제목 달기를 한다면 그 느낌이 어떨까? 위에서 제시한 주제에 대한 제목 달기는 보고서나 리포트 형식의 좋은 제목 달기의 예라면, '"휴대폰 속 한국 젊은이들의 깜찍한 세상"−문자 메시지 이모티콘을 아세요?'의 제목 달기는 한국 청년 문화에 대하여 다소 가볍고 경쾌하게 접근한 예이다. 따라서 후자의 글은 한 편의 에세이 형태의 글로 짐작해 볼 수 있을 것이다. 이렇듯 주제를 함축적으로 담고 있는 제목 달기의 표현도 경우에 따라서는 그 글의 갈래까지 짐작할 수 있다는 점을 외국인들이 잊어서는 안 된다.

1 위의 본문 내용으로 바탕으로 '소재, 제재, 주제'에 대하여 정의하여 발표해 보자.

2 한 편의 글에 대한 적절한 제목 달기는 어떤 장점이 있는지 세 가지 정도로 정리해 말해 보자.

3 외국인의 입장에서 "우리나라와 한국의 문화 차이"라는 주제를 바탕으로 소재를 선택
하고 그 주제에 가장 잘 부합하는 한 편의 글을 쓰고자 할 때 적절한 제목을 구상해
보시오.

마누라, 그 엄청난 의미?

몇 년 전이었다. 한동안 우리 영화 중에서 '마누라 죽이기'라는 제목으로 상영이 되었던 영화가 있었다. 당시에 나는 영화 제목이 주는 섬뜩함, 시쳇말로 그 엽기적 느낌을 영화를 보기 전까지는 지울 수 없었다. 물론 그 영화는 코믹 영화였으며, 영화가 주는 감동은 그리 많지 않은 영화였으나, 영화 제목만큼은 지금도 내 뇌리에 고스란히 남아 있다. 왜 하필이면 영화 제목은 '아내 죽이기', 혹은 '처 죽이기(쳐 죽이기가 아님)', 혹은 '와이프 죽이기'라고 하지 않고 '마누라 죽이기'라고 했을까? 우리는 그 의도와 관계없이 이 '마누라'에 대한 어원과 그 의미를 생각해 보기로 하자.

지금 현대 말에서 마누라의 의미는 "① 중년이 넘은 아내를 허물없이 이르는 말. 혹은 ② 중년이 넘은 여자를 속되게 이르는 말."이라는 뜻으로 사전에 정의되어 있다. 실제로 젊은 층에서는 '마누라'라는 표현을 쓰는 대신에 '아내', 혹은 '와이프'의 단어를 더 빈번하게 사용하고 있다. 특히 후자의 경우는 거의 우리말처럼 굳어져 가고 있는 실정이다.

그러나 그 옛말의 쓰임과 어원을 살펴본다면 아마 오늘부터 마누라라는 표현을 쓰고자 하는 사람이 많아질 지도 모르겠다. 옛말 사전을 뒤져 보면, 그 쓰임이 다양하게 드러나고, 그 의미 역시 다양했다는 것을 알 수가 있다. 지루하더라도 잠깐 다음의 옛말 문장을 보면,

① 죵이 닐오딕 마노랏 父母ㅣ 늘그시니 <삼강행실도>
　　→종이 말하기를 마누라(상전)의 부모께서 늙으시니
② 마노래 션왕 아드님이시고 <계축일기>
　　→마누라(임금)는 선대의 임금 아드님이시고

③ 본집의 마노라 슈적이 머믄 거시 업스니 <한중록>
　→본집 마누라(아내)가 손수 쓰거나 만든 물건이 남아 있는 것이 없으니

　위에서 ①은 15세기의 국어 자료, ②는 17세기의 국어 자료, ③은 18세기의 국어 자료인데 각각 상전, 임금, 아내의 뜻으로 다양하게 쓰였다. 지금은 ③의 뜻으로만 쓰이지만, 당초에는 임금을 포함하여 지체 높으신 분을 이르는 말로 쓰인 흔적을 알 수가 있다. 그렇다면 '마누라'라는 표현을 천박하다거나, 촌스럽다거나, 또는 늙은 티가 난다거나 해서 쓰지 않겠다고 한다면 그건 오히려 난센스일지도 모른다. 물론 지금은 그 의미가 좀 변질되어 중년층을 중심으로 사회적으로 ①, ②의 의미로 쓰이고 있다.

　그럼 '마누라'에 대한 어원은 무엇일까? 이 어원에 대해서는 그 의견이 분분하기는 하나, 그 하나의 어원설을 밝히면 '마누라'의 어원을 'ᄆᆞᄅᆞ' + '하'로 분석한 바가 있다. 'ᄆᆞᄅᆞ'는 지금의 '마루'의 의미로 '宗'이나 '頭'의 의미를 지니고 있고, 거기에 부르는 말인 '하(호격조사)'가 붙어서 'ᄆᆞᄅᆞ하'가 그 원래 어형으로 보는 주장이 있다. 이 어원설을 그대로 신뢰한다면, 역시 '마누라'라는 단어는 그 어원에서부터 그 고상함과 지체 높으심이 드러나 있었던 것은 아닐까? 그것이 변해서 조선 시대에는 '마노라'가 되었고, 그것이 또 변해서 '마누라'와 같은 현대식 어휘로 정착된 것으로 본 것이다.

　그러니까 어원적으로 살피면, '마누라'라는 표현은 함부로 쓸 표현이 아닐 뿐더러 아내에 대한 존경과 경외심이 우러날 때 써야하는 말이 된 셈이다. 또한, '마누라'라는 표현을 쓰는 것은 좀 과장하자면 스스로가 페미니스트라고 자기도 모르게 인정하는 사람이 되는 건 아닌지……. 그런 의미라면 '마누라 죽이기'는 있을 수 없으며 '마누라 잘 모시기'만이 있을 뿐이다. 이유야 어떠하든 '마누라' 이 말은 정말 죽이는(?) 표현이다.

3. 밑그림은 어떻게?;

소재, 제재, 그리고 주제 선정에 대하여 알았다면 이제는 제2단계인 개요 작성에 대하여 살펴보고자 한다. 한 편의 글을 쓰는 것은 마치 한 채의 집을 짓거나 하나의 요리를 만드는 것과 같다. 그런데 아무런 생각 없이 집을 짓거나 요리를 만들지 않듯이 한 편의 글을 쓰고자 할 때도 글에 대한 다양한 구상을 해야 하는 것은 자명한 일이다. 이렇게 한 편의 글을 완성하기 위하여 밑그림을 그리는 일, 혹은 설계도를 완성하는 일을 우리는 개요 작성(outline)이라고 부른다.

글의 대강이라고 할 수 있는 개요를 미리 작성하게 되면 직접 글을 쓰는 단계에서 벌어질 수 있는 많은 혼란을 막을 수 있다. 내용이 누락되거나 혹은 중복되는 것은 글이 지니는 일관성과 응집성, 통일성을 헤치는 일이기 때문에 이러한 오류를 방지하기 위해서 개요를 작성하는 건 글쓰기 시작 단계에서 아주 중요한 일이다. 개요 작성은 글의 내용과 순서, 그리고 글의 분량까지도 조절할 수 있게 도와주며, 개요를 작성하는 과정에서 체계적이고 논리적인 사고력을 키울 수 있다는 점에서 반드시 수행해야 할 단계라고 할 수 있다.

특히 외국인의 경우 자신의 언어로 사고를 하고 그것을 한국어로 표현해야 하는, 일종의 머릿속 번역 과정을 거치게 된다는 점에서 한국어로 글쓰기를 하기 전에 대강의 개요를 작성하여 실제 글쓰기를 하는 것이 무엇보다도 필수적이다. 그 개요 작성이 완벽하게 이루어지면 더할 나위가 없겠지만, 그러한 개요 작성은 실제로 불가능하며 글을 써 가는 과정에서 애초에 작성된 개요는 수정되기도 하고 보완되기도 한다는 점을 잊어서는 안 된다.

연습 1

　외국인이 한 편의 글을 쓰기 위해 개요 작성을 하고자 할 때, 한국어와 자신의 언어 중 어느 언어로 개요를 작성하는 것이 글을 쓰는 데 더 효과적인지 말해보자.

개요의 형식은 대체로 세 가지를 충족해야 한다. 위에서 언급한 제목이 필수적이며, 글의 주제와 내용이 일목요연하게 작성되어야 한다. 특히 내용의 경우, 크게 글의 구성에 맞춰 서론-본론-결론과 같은 시작-중간-끝이라는 형식이 기본이 된다. 이 기본 형식을 바탕으로 서론-본론-결론의 각 단계 하위에 개요의 내용이 위계적으로 배치될 수 있도록 주의를 기울여야 한다.

개요 작성에도 일종의 방법이 있다. 광고업계에서 광고를 만드는 기획 단계에서 회의를 하면서 가장 많이 적용하는 브레인스토밍(brainstorming)과 그를 통한 브레인라이팅(brainwriting)이 우선 효과적으로 이용될 수 있다. 특정한 주제에 대하여 말 그대로 뇌에서 폭풍이 일듯이 떠오르는 생각을 무조건 떠올려 순서나 내용에 구애받지 않고 써 내려가는 방법이다.

예컨대 "한국 음식 문화의 특징"에 대한 브레인라이팅의 결과는 다양할 수 있다. '맵다, 구수하다, 시원하다, 젓가락, 숟가락, 밥, 국, 반찬, 뚝배기, 공동체 문화, 식사 예절, 윗사람, 후루룩, 맛있다, 불고기, 김치…' 등 헤아릴 수 없이 다양한 어휘와 표현이 등장한다. 그러나 이러한 수많은 표현들이 모두 채택되는 것은 아니다. 직접 관련이 없는 내용은 다시 버려지기도 하고, 일부만 채택된다. 또한 채택된 내용도 핵심적 내용과 부차적 내용으로 나뉘게 된다. 이렇게 분류하게 되면 각 표현 등 상호 간의 관련성을 포착할 수 있으며, 각 표현 사이의 위계화를 발견하게 된다. 이런 과정을 통해서 우리는 개요 내용을 정리해 낼 수 있다. 그리고 그것을 바탕으로 다양한 개요를 작성해 낼 수 있는 것이다.

"한국 가족 문화의 특징"에 대하여 한 편의 글을 쓰고자 한다. 글을 쓰기 전에 브레인스토밍과 라이팅 방법을 통해서 주제에 맞는 다양한 어휘와 표현을 추출해 보자.

브레인라이팅 후 본격적인 개요 작성은 네 가지 방법이 있다. 쓰고자 하는 내용을 생각나는 대로 열거하는 나열식 개요, 쓰고자 하는 내용의 층위에 따라서 각 항목의 상호 관계를 지시하는 어구 중심의 항목식 개요, 항목식 개요에 구체적인 내용을 더하는 요점식 개요, 쓰고자 하는 구체적인 내용이 소주제문 형식의 문장으로 구성되는 단락식 개요가 있다. 이상의 네 가지 방법 중 나열식 개요는 쓰고자 하는 내용 상호 간의 위계화가 다소 떨어지는 개요이지만, 상대적으로 간편하다. 그리고 그 나머지 개요 방식은 개요 작성 내용의 길이에 따른 것으로 모두 개요 내용 상호 간의 층위가 구분되어야 한다.

나열식 개요	항목식 개요
제목 : 시에 대한 인식 태도와 효용성 개요 : 현실주의자들의 입장 　　　예술지상주의론 　　　문학과 사회 　　　문학의 존재 이유 　　　문학으로서의 시 　　　시의 효용	제목 : 시에 대한 인식 태도와 효용성 개요 : Ⅰ. 시에 관한 통념 　　　　1. 극단적인 배격론 　　　　2. 극단적인 옹호론 　　　Ⅱ. 시에 대한 온당한 이해 　　　　1. 극단론에 대한 비판 　　　　2. 시의 존재 이유 　　　Ⅲ. 시의 효용성 　　　　1. 심리적 정화 　　　　2. 정신적 교류 — 글쓰기ing, 2007, 한성대

이러한 개요 작성은 실제로 글을 쓰는 과정에서 수정되고 보완되기도 한다. 글을 쓰는 표현 과정에서 자신의 본래 생각이 바뀌기도 하고 또 다른 생각이 추가될 수 있기 때문이다. 개요 작성은 보다 체계적인 글을 쓰기 위한 예비 단계이지만, 그 내용이 수정되고 보완돼 확정이 되면, 그것은 특정한 주제의 글의 구체적인 차례(목차)가 되기도 한다. 특히 항목식 개요가 잘 작성이 되고 그것이 목차로 기능하게 되면 독자에게 글의 줄거리를 알려주는 역할을 할 수 있게 된다.

　요컨대, 개요 작성은 한 편의 글에 대한 뼈대를 만들어가는 과정이다. 설계도를 그리는 것이고, 음식 래시피를 보여주는 과정이기도 하다. 그 방법은 다양하게 자신의 처지에 맞게 고를 수 있는데, 외국인의 경우는 한국어가 제2차 언어라는 점을 염두에 두고 브레인라이팅이라는 기법을 바탕으로 개요 작성에 임하는 게 효율적일 수 있다는 점을 첨언해 두고자 한다.

1 "대한민국의 수도 서울"이라는 지명을 보고, 브레인스토밍 및 라이팅을 통해 떠오르는 표현들을 나열해 보자.

> 대한민국의 수도 서울 :

2 "외국인이 바라본 한국인의 특징"에 대하여 한 편의 글을 쓰고자 한다. 이에 대하여 항목식 개요를 작성해 보자.

> 제목 : 외국인이 바라본 한국인의 특징
>
> 개요 :

바램? 나무램?

과연 앞으로 수년 안에 통일은 우리에게 다가올까? 최근의 여론 조사에 따르면 오히려 통일을 바라지 않는 사람의 수가 젊은 층을 중심으로 나날이 늘어나고 있다고 하니 가히 충격적이지 아니할 수 없다. 지구상에 유일한 분단 국가인 우리가 한 민족으로 똘똘 뭉쳐도 성이 차지 않는 판에 통일을 반대하는 무리들이 있다니 참으로 안타깝다. 그러나 서글프게도 무조건 그들을 나무라거나 나의 바람을 그들에게 강요하기에는 사회가 너무 다양화되어 버렸다. 그저 통일에 대한 나의 바람을 끝까지 지켜 가는 수밖에 없다. 백범 김구 선생께 부끄럽지 않는 후손이 되기 위해서 말이다. 아래의 문장을 보자.

> 네 소원이 무엇이냐고 묻거든, 나의 진정한 <u>바램</u>은 조국의 완전한 자주 통일이다. 그래서 우리는 통일을 반대하는 사람들이 있다면 그들을 <u>나무랠</u> 수 있어야 한다.

위의 문장에서 우리는 잘못 쓰인 두 개의 단어를 접하게 된다. 굳은 결의에 찬 문장이기는 하지만, '바라다'의 명사인 '바램'과 '나무라다'의 활용인 '나무랠'이 올바르지 않는 표현이다.

'바램'의 경우는 '바람'으로 써야 옳다. 그런데 우리는 아마도 거의 '바램'이 옳다고 믿고 그 형태에 익숙해 있다. 그러나 '바라다'에서 온 말이기 때문에 '바램'이 될 수는 없다. 그것은 마치 '자라다'에 명사를 만드는 '–(으)ㅁ'이 붙어서 '자람'이 되는 것과 같다. 다만 '바람'이 명사 '바람(風)'과 동음이의(同音異義) 관계가 되기 때문에 언중들이 의식적으로 회피해 쓰지 않았나 생각된다. 그러나 동

음이의어는 우리말에서 얼마든지 존재할 수 있는 경우이므로 '바램'은 '바람'으로
쓰는 것이 규범적이다. 따라서 '바라다' 동사도 아래와 같이 '바래다'로 쓸 수 없다.

　　우리는 그의 성공을 진심으로 *바랬다(→ 바랐다).

　'나무라다'의 경우도 마찬가지다. 위의 예에서 '나무랠'은 '나무랄'로 쓰는 것
이 맞는 표현이다. 기본형이 '나무라다'인데 '나무래다'가 아닌 이상 '나무랠'이
될 수가 없다. 그래서 위의 표현은 '나무랄'로 바꾸어 쓰면 된다. 그런데 글을 쓰
는 사람들이 입말에 익숙해져 있어서인지 아래의 예를 보면 오히려 바른 표기가
더 어색해 보여 사람들이 종종 잘못 쓰곤 한다.

　　누가 우리 귀여운 막둥이를 *나무래?(→ 나무라?)

　위의 예는 오히려 잘못 쓴 '나무래'가 훨씬 자연스러운 어감을 줄 수도 있다.
그러나 위에서 '나무래'는 '나무라-'에 '-아'가 붙어 '나무라- + -아'가 되고
같은 발음 하나가 줄어서 '나무라'가 되어야 한다는 어법에 맞지 않는다. 따라서
아래의 경우도 '바라- + -아'가 '바라'가 되어야 한다.

　　난 네가 정말 성공하길 바래(→ 바라).

　결국 우리의 입말 투에는 좀 거슬릴 수 있는 표현일지라도 우리는 제대로 된
표현을 계속적으로 쓰고 습관화할 수밖에 없다. 그것이 좀 더 올바른 말글살이를
위한 최선의 방법이기 때문이다. 그리고 우리의 진정한 바람인 통일을 위해 그것
을 바라지 않는 사람들을 준엄하게 나무랄 수도 있어야 할 것이다.

4. 샅샅이 뒤지고 검색하라!
[3단계] 자료 수집과 활용

외국인 자신이 보다 흥미롭고 설득력 있게 글을 쓰고자 한다면, 2단계에서 익힌 개요 작성을 바탕으로 글의 주제와 연관된 자료를 수집하고 그것을 활용해야 한다. 자료 없이 글을 쓴다는 것은 원천적으로 불가능한 일이다. 자료만을 나열하여 글을 쓰는 것은 짜깁기에 해당하기 때문에 문제이지만 머릿속에 있는 생각만으로 완성된 글을 쓴다는 것은 더욱 더 힘겨운 일이다. 심지어 상상력이 가장 중요한 문학 관련 글을 쓸 때도 작가는 자료 수집이라는 사전 작업을 하기 마련이다.

수집하고 활용하고자 하는 자료는 기본적으로 객관적 정보를 가지고 있어야 한다. 객관성이 있고 믿을 만한 자료를 바탕으로 글을 써야 신뢰할 수 있는 글이 나오기 때문이다. 그렇지 않은 주관적 주장으로 일관된 자료만을 참고해 글을 쓰다 보면 역시 자신의 글도 편협한 시각으로 흐르기 쉽다. 따라서 자료의 기본 생명은 객관성이다.

또한 자료는 해당 주제 및 학문 영역에서 공인된 권위를 가진 자료이어야 한다. 한 편의 글이나 보고서를 쓰고자 할 때, 다른 학생들의 글과 보고서를 참고해 쓰는 것은 지양해야 한다. 그것들은 아직 관련 분야에서 공인된 글이라고 볼 수 없기 때문이다. 공인된 권위의 자료는 해당 주제와 관련된 학위논문, 학술지 등에 실린 글이라고 할 수 있으며, 미디어 매체를 활용하는 경우라면 누구나 그 권위를 인정할 수 있는 인터넷, 신문과 방송의 자료가 그것에 해당한다.

연습 1

"한국어 경어법의 특징"에 대한 한 편의 글을 객관적으로 정리하고자 한다. 이 경우에 주로 참고해야 할 자료는 어떤 성격이어야 하는지 구체적으로 말해 보자.

최근 정보의 바다, 정보의 보고라고 일컬어지는 인터넷에서 떠돌아다니는 자료는 때에 따라서 그 정보의 객관성을 인정할 수 없는 것들도 허다하다. 심지어 왜곡된 자료까지도 난무하고 있는 실정이다. 인터넷은 좋은 정보와 그렇지 못한 정보가 넘쳐난다는 점을 기억하면서 자료를 찾아 활용하는 데 세심한 노력을 기울여야 한다.

자료를 수집하고 활용하는 방법은 크게 네 가지가 있을 수 있다. 첫째로 자신이 쓰고자 하는 주제에 대한 분위기를 파악한다는 점에서 우선 큰 서점에 들러 관련 자료를 거칠게나마 탐색해 보는 일이다. 현재 해당 주제와 관련해 어떤 내용의 책들이 출간되고 세간의 주목을 받는지 조사해 보고 참고하는 일도 자료 수집의 예비 단계로 유용한 방법이다. 특히 외국인의 경우는 한국의 도서 유통 문화도 함께 익힌다는 자세로 대형 서점을 둘러보면서 주제에 대한 탐색이 필요하다.

> **연습 2**
>
> "한국 소비 문화의 경향"에 대한 보고서를 쓰고자 한다. 이 경우에 주로 참고해야 할 자료는 어떤 성격이어야 하는지 구체적으로 말해 보자.

다음은 전통적인 자료 수집의 방법으로 자신이 다니고 있는 대학을 중심으로 도서관에 직접 가서 자료를 찾아보는 것이다. 대학 도서관은 그 규모에 따라 소장된 자료의 양이 천차만별이지만, 일반적으로 대학 도서관의 자료는 가장 유용한 정보를 제공해 줄 수 있다. 특히 학위논문과 같은 학술 자료를 잘 구비해 놓았기 때문에 자신이 쓰고자 하는 글이 학술적 성격의 글이라면 대학 도서관에서 자료를 찾아 책을 빌리고 논문 자료를 복사하는 일은 대학에서 글쓰기를 하는 외국인의 기본자세다.

> **연습 3**
>
> 자신이 다니고 있는 대학의 도서관을 직접 방문하여 도서관에서 소장 자료를 어떤 형태로 보관하고 있으며, 활용할 수 있는지 아래 항목에 따라 정리해 보자.
>
> - 도서관의 층별 도서 분포
> - 도서관의 열람 체계
> - 도서 대출 방법

인터넷의 발달로 자료를 수집하는 행위가 옛날과는 비교가 안 될 정도로 수월하고 간편해졌다. 내 컴퓨터 안에서 정보 검색 포탈 시스템을 통해서 각 대학의 도서관은 물론 언론 매체, 특정 학회, 외국의 자료를 손쉽게 검색하고 출력할 수 있다. 그러나 모든 자료가 인터넷에 있는 것도 아니며, 간혹 특정 인터넷 이용자들에 의해 자료가 가공되어 그 내용이 왜곡된 것도 종종 보게 된다. 따라서 인터넷에서 서지 사항을 파악한 자료는 원문이 인터넷에서 제공되지 않는 한 직접 도서관에 와서 찾는 게 자료의 신빙성을 확보할 수 있는 길이다.

> **연습 4**
>
> 자료 수집과 관련하여 자신이 자주 이용하고 있는 인터넷 사이트를 하나 소개해 보고, 그 장점과 특징을 말해 보자. 아울러 인터넷 자료 중 잘못된 정보를 찾아 그 정보가 왜 문제가 있는지 그 원인을 분석해 보자.

마지막으로 외국인의 입장에서 자료를 수집하고 활용하는 데 어려움을 겪고 있다면, 전문가의 조언을 받는 것이 필요하다. 대학에 재학 중인 외국인이라면 대학 사회의 전문가인 교수를 직접 찾아가 도움을 청하는 것이 효율적이다. 예를 들어 '한국의 광고 마케팅'과 관련한 주제로 글을 쓰고자 할 때 자신이 다니고 있는 대학에 그 주제의 전공 교수가 있다면 직접 교수 연구실을 방문해서 해당 자료에 대한 소중한 정보를 얻을 수 있다. 도서관에 가지 않고 경우에 따라서는 쉽게 자료를 구하는 방법이 될 수 있을뿐더러 교수와의 친밀감 형성에도 도움이 된다. 그런 의미에서 외국인의 경우 오히려 적극적으로 자신의 학문,

자신의 글쓰기에 대한 교수의 충고를 적극 활용하는 것이 좋다.

이렇게 다양한 방법으로 찾은 자료는 반드시 그 출처가 있다. 곧 자료의 서지 사항에 해당한다. 그 자료의 저자, 자료의 제목, 자료의 발간 시기, 자료의 발행 기관, 자료의 분량 등과 관련된 종합적 정보를 자료의 서지 사항이라고 한다. 자료를 수집하고 활용하는 것은 이러한 자료의 출처를 정확히 기록해 두고 그것을 자신의 글에 밝히는 것과 관련된다. 자신이 참고한 자료를 밝히지 않고 이용하는 것은 일종의 절도 행위이다. 자신의 글 속에서 반드시 자료에 대한 종합적 정보를 제시해야 한다.

연습 5

한국어의 문자 체계인 "훈민정음(한글)의 세계화"와 관련된 논문을 5편 이상 찾아 그 서지 사항을 제시해 보시오.

[보기]
이상혁(2009), "'한국어' 명칭의 위상 변천과 그 전망", 〈국제어문〉 제46집(국제어문학
회), 165~188쪽.

① ____
② ____
③ ____
④ ____
⑤ ____

자신의 글에서 자료를 밝히는 방법은 크게 세 경우이다. 우선 본문 안에서 인용한 자료의 내용과 출처를 밝히는 방법이 있다. 자신이 쓰고 있는 글의 흐름에 직접 도움이 되는 자료의 내용까지도 제시한다는 점에서 가장 적극적으로 자료를 활용하는 예이다. 다음으로는 자신의 글 하단에 각주 형태로 혹은 글의 끝에 미주의 형태로 밝히는 방법이다. 이 역시도 자신이 쓰고 있는 글에 직간접적으로 도움을 받은 자료의 내용 혹은 그 서지 사항을 정확히 제시해야 한다. 마지막으로 한 편의 글이 완성된 후, 그 글의 끝에 자료의 서지 사항만을 종합적으로 한데 모아 밝히는 방법이 있다. 이것을 우리는 흔히 참고문헌이라고 부른다. 여기서는 자신이 글을 쓰면서 도움을 받은 모든 자료를 자료의 성격에 따라 분류하여 제시할 수 있다.

1 아래 주제의 자료들은 어디에서 어떻게 구할 수 있는지 구체적으로 정리해 보자.

자료의 성격	자료 수집 방법	서지 사항
1970년대 한국 영화		
한국 민족주의의 기원		
한국어 교육의 현황		

2 〈참고문헌〉에 들어갈 서지 사항은 일반 문헌뿐만이 아니라 인터넷 웹 사이트도 포함된
  다. 대학 도서관 이외에 자료를 검색하고 찾을 수 있는 전자도서관 5곳 이상의 웹 사
  이트 주소를 조사하여 정리해 보시오.

'삼가'에 대한 올바른 쓰임

말과 관련된 속담 중에는 "말은 해야 맛이요, 고기는 씹어야 맛이라"라는 표현이 있다. 그런가 하면 "말하면 백 냥 금이요, 입을 다물면 천 냥 금이라"는 표현도 있다. 두 속담은 겉으로 보기에 서로 어긋나 보이지만, 처한 경우와 상황이 다르다는 점에서 우리에게는 소중하고도 기억해야 할 속담들이다. 말을 해야 할 때는 해야 그 참뜻이 드러나는 법이며, 말을 아껴야 할 때는 침묵하는 것 또한 미덕이기 때문이다. 그러나 기왕에 말을 하거나 글을 쓸 때는 그 의미를 정확히 알고 표현하는 것이 중요하다. 다음의 두 표현을 보도록 하자.

1) 삼가 고인의 명복을 빕니다.
2) 실내에서는 흡연을 삼가해 주시기 바랍니다.

위의 문장에서 1)의 경우 망자(亡者)에 대한 넋을 달래고 고인(故人)의 유가족에 대하여 심심(甚深 / 深甚)한 위로의 말로는 아주 적절한 표현이다. '삼가'라는 표현은 '겸손하고 조심하는 마음으로 정중하게'의 의미를 띠고 있는데, 예스럽고 특별한 예의를 갖춘 말이기 때문이다. '겸손하고 조심하는 마음으로 정중하게'의 의미를 단 두 음절로 함축할 수 있는 어휘가 있다는 것만으로도 1)의 문장은 짧지만, 그 예의는 높고도 높다. 물론 '삼가'라는 단어는 문장의 첫머리에서 전체 문장을 꾸며주는 부사이다.

그 반면에 2)의 문장은 우리가 공공장소의 실내 공간에서 자주 접해 본 표현이기는 하나 '삼가해'라는 표현이 잘못되었으니 그 글을 쓴 사람의 권위가 살아나질 않는다. 그렇다면 어떻게 고쳐야 할까? '흡연을 삼가해 주시기 바랍니다.'는

'흡연을 삼가 주십시오'로 고쳐야 옳다. 왜냐하면 '삼가하다'는 '삼가다'의 잘못된 쓰임이기 때문이다. 여러 동사들이 '무엇 + 하다'로 구성을 이루고 있으니, 이 표현 역시 '삼가 + 하다'의 짜임을 지니고 있을 것이라 잘못 짐작할 수 있다. 그러나 '삼가다'가 기본형이라는 점을 기억해 둔다면, '삼가다'는 '삼가(삼가- + -아)'로 활용된 형태임을 알 수 있을 것이다. 사전(표준국어대사전, 국립국어연구원)에서 찾아 그 의미를 알아보면 아래와 같다.

① 몸가짐이나 언행을 조심하다. ¶말을 삼가다 / 어른 앞에서는 행동을 삼가야 한다.
② 꺼리는 마음으로 양(量)이나 횟수가 지나치지 아니하도록 하다. ¶술을 삼가다 / 문밖 출입을 삼가다.

그러하니 예전에 금연 광고로 잘못 쓰인 '건강을 위하여 지나친 흡연을 삼가합시다'는 '건강을 위해 지나친 흡연을 삼갑시다'로 바꾸어야 올바른 표현이 됨은 물론이다. 그런데 위의 1)의 '<u>삼가</u> 고인의 명복을 빕니다'와 2)를 고친 '흡연을 <u>삼가</u> 주십시오'를 보게 되면 우연히 그 형태가 일치하고 있다. 그러나 전자의 경우는 부사로서, 후자의 경우는 동사의 부사형으로 쓰인 형태이므로 그 단어의 성격은 다르다. 추측컨대 무엇이 먼저인지는 모르나, 어원(語源)은 같으리라.

예를 갖춘 말로 '삼가'를 적절히 쓰는 일은 그 사람의 고상한 인격을 드러내는 것이요, '공공장소에서는 소란스러운 말을 삼가 주십시오'라는 말을 듣는 것은 그 사람의 천박한 인격을 드러내는 것이니, 우리가 서로 다시 한번 위의 두 속담을 기억하는 건 어떨까?

5. 나도 쓸 수 있다!;
[4단계] 본문 글쓰기

01 | 한국어 바른 문장 쓰기

글쓰기의 본격적인 시작은 주제에 맞는 문장을 쓰는 일이다. 문장을 쓰는 것도 그냥 쓰는 것이 아니라 바르게 쓰는 것이 중요하다. 개별 문장이 모여 한 단락을 이루고, 여러 단락이 한 편의 글로 완성된다. 그렇기 때문에 제대로 된 글을 쓰려면 바른 문장을 쓰는 훈련부터 해야 한다. 이미 고급 과정의 한국어를 익힌 외국인들은 어학원 등에서 쓰기 영역을 이수한 바 있다. 그러나 대학에서 학문 목적의 글쓰기를 하고자 할 때는 쓰기 연습이 아니라 글쓰기 실전이다. 따라서 글쓰기 실전에서는 잘못된 어휘 선택이나 비문법적인 문장에서 벗어나야 한다. 이 점을 명심하고 한국어 바른 문장 쓰기에 집중해 보자.

(1) 적절한 어휘의 선택과 표현

바른 문장은 적절한 어휘의 선택에 따라 좌우된다. 단어가 지니는 뜻을 정확히 파악하여 의미가 왜곡되거나 잘못 전달되지 않도록 세심한 주의를 기울여야 한다. 다음 문장의 밑줄 친 어휘를 보도록 하자.

    (ㄱ) 한국인과 외국인은 피부색이 <u>틀리다.</u>
    (ㄴ) 그가 이번 우승의 <u>장본인</u>입니다.
    (ㄷ) 차가 <u>막혀서</u> 늦었습니다.
    (ㄹ) <u>무대뽀</u> 정신만이 살 길이다.

위의 밑줄 친 예들은 각각의 문장에서 잘못 쓰인 어휘들이다. '틀리다'는 '다르다'로 바꾸어야 맞고, '장본인'은 '주역'으로 교체해야 한다. 그리고 '(차가) 막혀서'가 아니라 '(차가) 밀려서'로 써야 바른 어휘 선택이다. '무대뽀'는 일본어에서 들어온 말로 한국어로 차용된 말이 아니기 때문에 역시 그 쓰임이 부적절하다.

연습 1

다음 문장에서 쓰인 어휘가 적절하지 않다면 바른 어휘 표현으로 수정해 보시오.

- 우리는 행복한 삶을 지양한다.
- 나는 저기 있는 살색 옷이 좋다.
- 여기 회 한 사라만 부탁합니다.

(2) 주어와 서술어의 일치

바른 문장을 쓰려면 무엇보다도 자신이 쓴 문장의 주어와 서술어가 일치하고 있는지 살펴보아야 한다. 주어와 서술어가 제대로 호응하지 않으면 문장의 의미가 제대로 파악되지 않는다. 아래의 문장을 보도록 하자.

> (ㄱ) 문자 메시지는 전하고자 하는 내용을 빨리 알릴 수 있다.
> (ㄴ) 사람들은 뱀이 징그러우면서도, 보기만 하면 잡으려 한다.

(ㄱ) 문장에서는 '문자 메시지'라는 주어와 '알릴 수 있다'라는 서술어가 서로 호응하지 않고 있다. '알릴 수 있다'의 주체는 사람이기 때문이다. (ㄴ)에서는 '뱀'이라는 대상이 앞 문장에서는 주어로, 뒷문장에서는 목적어로 쓰여 주어와 서술어 사이의 호응이 이루어지고 있지 않다. 겉으로 보기엔 특별히 문제가 없어 보이는 문장도 호응 관계를 살펴보면 부자연스러운 문장임을 알 수 있다.

(3) 조사의 올바른 쓰임

한국어는 조사가 발달된 언어이다. 외국인에게 조사는 익숙하지 않기 때문에 잘못 사용하는 경우가 있다. 조사는 한국어에서 문장의 뜻을 완전히 바꿀 만큼의 위력을 지닌 요소이기 때문에 이에 대한 사용에도 주의를 기울여야 한다.

> (ㄱ) 너와 나 사이의 돈을 거래하는 일은 바람직하지 않다.
> (ㄴ) 그들은 그 사건에 대하여 정부에게 항의했다.
> (ㄷ) 여러 나라들이 우리와의 수교를 원한다.

(ㄱ)의 문장에서는 '너와 나 사이의'가 '너와 나 사이에'로 바뀌는 것이 맞고, (ㄴ)에서는 '정부에게'가 '정부에'로 수정해야 보다 자연스러운 문장이 된다. 특히 기관이나 단체에는 '―에게'라는 조사를 사용하지 않는 것이 좋다. (ㄷ)은 조사 '―의'가 남발된 예로서 '우리와의'를 그냥 '우리와'로 바꾸어도 의미 전달에 아무런 차이가 없다. 이렇듯 조사에 대한 적절한 사용도 한국어 글쓰기의 품격을 높이는 일이다.

(4) 의미 중첩의 지양

한국인도 자주 실수하는 부분으로 글을 쓰다 보면 같은 의미를 중첩해서 사용하는 경우가 있다. 문장에 군더더기가 붙는 격이다. 한 문장에서 의미가 중첩되면 그 문장은 명료함이 떨어진다는 점에서 이런 오류를 지양해야 한다. 다음의 예를 보도록 하자.

> (ㄱ) 그는 이번 사태를 미리 예견했다.
> (ㄴ) 높은 고지에 올라 하늘을 보았다.
> (ㄷ) 그 정치인은 혼자 독학으로 대학에 들어갔다.

(ㄱ)에서는 '예견하다'에 '미리'의 의미가 담겨 있다. (ㄴ)에서는 '고지'에 '높다'라는 의미가 내포돼 있어 '높은'이 불필요한 군더더기에 해당한다. (ㄷ)에서는 '독학'이 '혼자 공부하다'의 의미를 띠므로 '혼자'와 그 의미가 중첩되었다. 한국인뿐만이 아니라 외국인에게도 이러한 현상이 벌어지는 것은 소위 한자어에 대한 인식 부족에 기인한다. 한자어에 대한 정확한 뜻을 이해하지 못하고

관습적으로 사용하거나 한자 자체를 모르기 때문에 벌어지는 것으로 고급 글쓰기에서는 극복해야 될 내용이다. 결국 개념어로서 한자어에 대한 학습도 외국인에게는 필수적으로 요구되는 사항이다.

한국어의 바른 문장을 쓰기를 위해서 위에서 지적한 내용과 아울러 한 가지를 덧붙인다면 결국 문장을 짧게 쓰는 것이 중요하다. 외국인이 문장을 길게 쓰는 경우가 많지는 않다. 그러나 한국어 고급 학습자 중 자신의 생각을 짧게 끝내지 못하고 문장을 길게 쓰게 되면 그 문장은 명료함이 떨어진다. 특히 자신의 주장을 펼치는 글을 쓸 경우라면 문장의 길이는 짧으면 짧을수록 좋으며, 적절한 접속사를 이용해 문장을 매끄럽게 다듬는 것이 필요하다.

연습 2

아래의 단락에서 부적절하게 사용된 문장을 자연스럽게 고쳐 보자.

[보기]
　본 제품을 처음 사용하실 때에는 각 부분을 청소함은 물론 물탱크에 물 수위 최고 눈금까지 물을 부은 후 내부를 청소하신 후 사용하시면 커피의 고유한 맛과 향을 더욱 느끼실 수 있습니다.

➡

그밖에 한국어는 경어법도 발달한 언어이다. 그러나 올바른 경어법의 사용도 외국인 학습자에게는 어려운 일이다. 글쓰기에서 경어법을 사용할 경우는 많지 않으나, 전반적인 한국어 표현 능력에서 경어법의 자연스러운 사용 여부는 한국어 숙달도를 가늠해 볼 수 있는 중요한 기준이 된다. 이 부분은 글쓰기 능력보다는 말하기 능력과 연관된 부분으로 넓게는 한국어 표현 영역에 포함되는 부분이다.

02 │ 소주제문과 뒷받침 문장

여러 문장이 유기적 관계를 맺고 배열이 되면 단락을 형성하게 된다. 단락은 한 편의 글에서 이야기의 단위가 되는 부분이다. 그런데 이 단락을 구성하는 문장들은 소주제문(중심 문장)을 중심으로 해서 그 단락의 의미를 충분히 전달할 수 있도록 긴밀하게 연관되어 있어야 한다. 즉 하나의 단락은 통일성, 일관성, 완결성의 원리에 따라 구성되어야 한다. 이 때 중심 문장을 다양한 방식으로 보충해 주는 문장을 우리는 뒷받침 문장이라 한다. 뒷받침 문장들은 주로 예를 들어 설명하는 예시, 다른 표현으로 부각하는 강조, 보충 설명을 하는 부연, 좀 더 자세히 풀어 진술하는 상술 등의 역할을 한다.

여기서 주의할 것은 반드시 뒷받침 문장이 중심 문장 뒤에 나올 필요가 없다는 것이다. 경우에 따라서 뒷받침 문장은 중심 문장 앞에 나와서 소주제문의 이유나 원인이 될 수도 있고, 소주제문의 전제가 될 수도 있다. 따라서 한 단락을 형식적으로 구성할 때, 중심 문장이 먼저 나오고 뒤에 뒷받침 문장이 나와서 진술되어야 한다는 고정관념을 버려야 한다. 단락 구성은 연역적이어도 좋고 귀납적이어도 좋다.

한 단락 안에서 주장, 예시, 부연, 상술, 강조의 방식으로 중심 문장과 뒷받침 문장의 구성을 이룰 수 있음을 위에서 확인하였다. 그러나 이러한 방식은 단락과 단락 사이에서 이루어질 수도 있다. 즉 어떤 소주제문을 담고 있는 단락을 뒷받침하기 위하여 예시 단락, 부연 단락, 상술 및 강조 단락이 구성될 수 있는 것이다. 그런 구성이 자연스럽게 이루어질 때 한 편의 전체 글이 짜임새를 가질 수 있다.

따라서 단락과 단락 사이에도 한 단락 내부에서 드러나는 논리적 구성이 형성된다. 하나의 주장을 담은 단락 뒤에 그 주장을 뒷받침하는 단락이 나타나기도 하고 하나의 주장을 포함하는 단락으로 유도하기 위하여 먼저 이유, 전제, 예시 등의 논거를 담은 단락이 선행하기도 한다. 결국 한 단락 안에서의 짜임새가 확대되면 단락 간 구성에서도 같은 방식의 논리적 구조를 맺을 수 있는 것이다.

연습 3

아래 제시된 글에서 소주제문과 뒷받침 문장을 골라 정리해 보자.

> (가) 나는 사회생물학자다. 사회생물학은 인간을 포함한 모든 동물의 사회행동을 과학적으로 연구하는 학문이다. 인간도 엄연히 암수가 따로 있고 짝짓기를 하여 새끼를 배면 일정 기간 뱃속에 담아 기르고, 또 태어나면 젖을 먹여 키우는 포유동물의 일종으로서 다른 동물들이나 마찬가지로 오랜 진화의 산물이다. 개미나 까치가 사회를 이루고 사는 모

든 모습을 관찰하듯 나는 우리 인간 삶의 모든 것들을 관찰한다. 다만 내 자신의 관찰과 감성에만 의존하지 않고 좀 더 객관적이고 과학적으로 분석하려 노력할 따름이다. 인간을 연구하는 사회생물학자로서 정치, 경제, 문화, 환경 등 우리 사회의 모든 면에서 관심을 가지는 것은 너무나 당연한 일이다.

— 최재천, 〈나의 생명 이야기〉 중에서

➡ 소주제문 :

➡ 뒷받침 문장 :

03 | 논거 마련

(1) 논거란 무엇인가?

일반적으로 한 편의 글이라는 것은 다른 글과는 다른 독창적인 주장을 담고 있어야 한다. 그런데 그 독창적 주장을 보다 든든하게 뒷받침해 주는 무엇이 있어야 한다. 그것은 바로 논거다. 논거란 어떤 주장, 이론, 논설 따위의 근거를 말한다. 우리가 글을 쓰고, 말을 할 때 '당신이 주장하는 것에 대한 논리적인 근거를 말해보라'라는 식의 질문을 많이 받는다. 바로 이 논리적인 근거가 논거이다.

앞에서 주제문과 뒷받침 문장을 익힌 바 있는데 주제문과 뒷받침 문장에서 주장에 해당하는 것이 주제문이라면 바로 뒷받침 문장이라는 형식적인 틀에 채워지는 내용이 바로 논거라고 할 수 있다. 글쓰기에서 주장만이 난무할 때, 그 주장은 공허한 외침에 불과하다. 공허한 외침은 알맹이 없는 껍데기에 불과하다는 점을 명심하면서 설득력 있는 논거 마련을 위한 방안을 모색해 보기로 하자.

(2) 논거 마련의 방법

엄밀히 말하면 논거 마련의 전제는 많은 독서량이다. 독서량이 많은 사람은 자신이 알고 있는 다양한 간접 경험을 기억 속에 저장해 놓고 있다. 그러나 독서량은 논거 마련의 필요조건이지만, 충분조건이 되지는 못한다. 따라서 스스로 독서량이 적다고 논거 마련에 두려움을 가질 필요는 없다. 대학에서 한국어로 글쓰기를 하려고 하는 외국인이라면 논거를 마련할 수 있는 기본적 지식을 가지고 있기 때문이다. 중요한 것은 바로 그것을 자신의 주장과 함께 제대로 조직하는 일이다. 그럼 어떻게 논거를 마련할까?

첫째, 논거는 구체적이어야 한다. 주장이 다소 추상적이라면 논거는 그것보다 훨씬 구체적이어야 한다. 그래야 독자(교수)를 설득하기 쉽기 때문이다. 논거가 추상적이라면 글 전체가 관념화될 수 있다. 예컨대 다문화 가정 문제를 해결하기 위한 대안을 주장할 때, 다문화 가정이 심각한 사회적 문제이기 때문에 그것을 극복해야 한다고만 글을 쓰게 되면 전자를 논거로 추정할 수밖에 없다. 그러나 '다문화 가정이 심각한 사회적 문제'라는 것은 논거로서 그 구체성을 상실한 것임을 잊어서는 안 된다. 오히려 자신이 알고 있는 통계적 수치라든가 다문화가 가져오는 사회적 문제 중 '한국 문화 부적응 사례'와 같은 구체적 논거를 제시하는 것이 훨씬 좋다.

둘째, 논거는 다양해야 한다. 글쓰기는 그 분량이 정해져 있기 때문에 전체적인 분량을 짐작하여 다양한 논거를 마련해야 하는 것은 당연한 것이다. 그러나 대체로 한 편의 글에서 주장하고자 하는 전체 주제문은 하나일 터이고, 그 주장을 여러 각도에서 지원하는 논거를 본론의 각 단락에서 제시하는 것은 아주 좋은 글쓰기의 구성이다. 예컨대. ‘한국의 애국심과 민족주의’라는 주제에 대한 논거를 정치나 역사에 국한해서 제시하는 것은 상투적이다. ‘사회적 신드롬, 경제적 측면, 문화적 특수성’ 등의 논거를 함께 제시해 주는 것이 좋다. 아울러 거시적 측면에서 외국의 사례를 논거로 마련한다면 더할 나위가 없다.

셋째, 논거는 주장하는 바와 직접적 관련을 맺을 수 있는 것이어야 한다. 논거는 논거만으로 그 생명력이 유지되지 못한다. 논거가 논거답기 위해서는 불가피하게 주장하고 있는 바와 한데 어울려 응집력을 가지고 있어야 한다. 아무리 좋은 논거를 제시한다고 하더라도 그 논거가 주장을 뒷받침하지 못하는 논거라면 그것은 논거로서의 의의를 상실한다.

따라서 실제 글쓰기에서 논거를 잘 끄집어내는 자신만의 노하우도 좋지만, 그것이 적절하게 자신의 주장과 어울리게 결합하는 것이 더 중요하다. 그래야 보다 짜임새 있고 논리적인 글이 되기 때문이다. 예컨대 외래어의 문제를 다루는 주제에서 외래어의 부정적 측면만을 떠올려 그것을 극단화하여 중국에서 들어온 한자어조차도 배격해야 할 외래적 언어 요소라고 주장하는 것은 외래어 문제를 잘못 접근할 우려가 있다. 오히려 쌍방의 문화 접촉이 동등하게 이루어지지 못했던 일제시대에 유입된 일제 잔재 외래어를 논거로 제시하는 것이 주장을 뒷받침하는 논거로서 자격이 있다.

아래 제시된 글에서 논거를 찾아보고, 그 논거의 유형이 무엇인지 알아보자.

음성 언어에 의해 실현되는 언어적 의사소통에는 언제나 비언어적 의사소통이 수반되기 마련이다. 언어적 의사소통이 주로 내용적인 언어적 메시지를 전달한다면, 비언어적 의사소통은 강세, 어조, 억양 등의 준언어적 측면과 몸짓이나 얼굴 표정 등의 비언어적 행동 등을 통해서 말하는 사람의 태도나 방식이 드러나는 메타메시지(meta-message)를 전달한다.

일반적으로 사람들은 무슨 말을 해야 하나 하는 언어적 메시지에만 주목하고 말하는 방식이나 태도가 드러나는 비언어적 메시지에는 소홀한 경향이 있다. 그러나 메시지 수신자는 어떤 면에서 언어적 메시지보다는 비언어적 메시지에 더 주목하여 상대방의 진의를 해석한다. 예를 들어 상대방은 "고맙습니다."라는 말 한 마디에 수반되는 여러 가지 비언어적인 메시지 ─말투나 어조, 얼굴 표정, 눈빛 등─ 를 통해서 그 말이 그저 의례적으로 하는 인사말인지 정말 진심에서 우러나온 말인지를 판단하고 평가한다. 이렇듯 비언어적인 행동은 메시지 자체의 언어적인 내용을 보충·강화해주기도 하고, 약화·모순되게 할 수도 있다는 점에서 매우 중요한 역할을 한다. 온전한 의미의 의사소통은 언어적 의사소통과 비언어적인 의사소통이 상보적인 역할을 할 때 가능한 것이다.

─임칠성, 〈의사소통의 본질〉 중에서

➡ 논거 :

➡ 논거의 유형 :

(1) 단락 쓰기

일반적으로 외국인들이 글을 쓰게 되면 대체로 형식적인 단락 구성은 잘하는 편이다. 그러나 한 단락과 다른 단락이 서로 구분되는 지점의 앞뒤를 살펴보면 왜 그 지점에서 단락이 나뉘었는지 짐작하기 어려울 때가 있다. 글을 쓰는 사람이 대충 이 정도쯤에서 단락을 바꾸면 되겠지 하는 글쓰기 습관에 매몰된 결과라 하겠다. 때로는 한 단락이 길 수도 있고, 다른 단락은 짧을 수도 있는데 한 단락은 몇 개의 문장으로 구성되어야 한다는 도식에 사로잡힌 오류이기도 하다. 우리는 어떻게 하면 효과적으로 단락 쓰기를 할 수 있을까?

우리가 매일 보는 주위의 건축물이 하나의 구조를 이루고 있듯이 한 편의 글도 그 나름의 구조(짜임새)를 가지고 있다. 한 편의 글은 바로 하나의 집과 같은 존재다. 우리가 쓰는 긴 글을 내용에 따라 나눌 때, 하나하나의 짧은 이야기 토막을 우리는 단락이라고 부른다. 이 단락은 집으로 비유하자면 집 전체를 구성하고 있는 여러 부분들에 해당한다. 다른 말로 문단이라고도 부른다. 실제 글 안에서 들여쓰기를 시작한 부분부터 다음 들여쓰기가 시작되기 전까지가 한 단락이다.

한 단락은 적게는 하나의 문장으로 구성될 수도 있으나, 대개 몇 개의 문장을 통해서 하나의 주제를 유기적으로 연결하여 마무리한 하나의 화제 덩어리이다. 따라서 한 단락에는 반드시 소주제문이 있기 마련이고, 그 소주제문을 뒷받침하는 문장이 선행하든 후행하든 등장한다. 소주제문은 화제문에 해당하고 그 단락의 중심 문장이 되는 것은 당연하다. 그리고 단락이 정합적이고 논리적이기 위해서는 통일성, 긴밀성, 완결성이라는 조건을 충족해야 한다.

한 단락에는 한 화제(소주제)만을 담도록 해야 그 단락이 통일성을 가지고 있다고 말할 수 있다. 물론 뒷받침 문장은 그 화제를 지탱해줄 수 있는 논거이어야 한다. 소주제와 관련이 없는 내용이 한 단락에 들어가게 되면 그 단락에서 필자가 이야기하고자 하는 바 외에 군더더기가 생기게 되고 글이 난잡해진다. 예컨대 '남녀평등'에 대한 화제를 한 단락에서 소주제문으로 언급했을 때, '트랜스젠더' 문제를 그 단락에서 제기하게 되면 통일성을 헤치는 글이 되기 십상이다. 한 단락에는 하나의 이야기만 담도록 하자.

단락은 그 형식과 내용상 문장 간의 긴밀함이 유지되어야 한다. 한 단락에는 소주제문을 비롯한 여러 문장이 제 위치에서 다양한 역할—예시, 상술, 첨가, 이유—을 한다. 그런데 이러한 문장들이 논리적으로 연결되어 있어야만 일관성과 긴밀성을 가진다고 말할 수 있다. 그 논리적 연결은 형식적인 측면과 내용적인 측면이 한데 어울려서 이루어져야 한다. 접속사와 지시어 및 연결어미를 잘 사용하는 것은 형식적 측면일 것이고, 소주제문을 뒷받침하는 문장이 소주제문의 내용과 잘 어울리는 논거로 제 위치를 잡으면 그것은 내용적 측면일 것이다. 예컨대 뒷받침 문장으로서의 예시가 그 단락에 처음에 오면 그것은 긴밀성에서 어긋난다. 뒷받침 문장을 적절한 연결어를 통해서 잘 배열하는 것이 핵심이라고 할 수 있다.

또한 단락은 그 형식상 완결된 구조를 지니고 있어야 한다. 한 편의 글도 구조이지만, 한 단락도 작은 구조에 해당한다. 이 구조에는 구성 요소가 있기 마련이다. 그 구성 요소가 전체 구조(단락) 안에서 유기적으로 결합하고 있을 때 그 단락은 탄탄하다. 이미 전제된 이야기이지만, 완결성을 지닌 단락이라 하면 소주제문과 뒷받침 문장이 제대로 갖추어진 단락을 뜻한다. 통일성과 긴밀성만으로는 완성된 하나의 단락이 이루어졌다고 볼 수 없기 때문이다. 예컨대, "우리말을 사랑하자, 외래어를 쓰지 말자, 일본어의 잔재를 버리자"라는 글이 담고 있는 통일성과 긴밀성은 각각의 문장을 주제문과 뒷받침 문장으로 적절하게 재구성하여 완결할 때, 하나의 좋은 단락으로 거듭 태어날 수 있음을 기억하도록 하자.

연습 5

아래 글을 읽고 둘째 단락 다음에 '긴 글을 쓸 때의 느낌'이라는 화제를 바탕으로 셋째 단락을 구성해 보자.

글쓰기에는 어떤 기쁨이 있는가. 글쓰기에는 쾌락과 고통이 아주 가는 선으로 연결되어 있다. 무엇보다도 창조하는 재미를 들 수 있다. 글쓰기는 멋진 '지적 유희(遊戲)'다. 두뇌가 팽팽한 긴장 상태에서 무엇인가 새로운 것을 쏟아내는 것은 정말 대단한 경험이다. 세상에는 골프, 테니스, 여행 등 여러 가지 취미 활동이 있지만 글쓰기는 이들 취미에 결코 뒤지지 않을 만큼 큰 감동과 재미를 제공한다.

짧은 글을 쓸 때는 지적 즐거움의 크기도 그만큼 작다. 하루 동안 여러 편의 짧은 글을 쓰면 공허감이 밀려든다. 그래서 짧은 글과 긴 글을 병행해야한다. 여기서 긴 글이란 한 권의 책을 쓰는 일이다. 사람들은 흔히 내게 "그렇게 자주 책을 내놓는 비결이 뭐냐? 힘들지 않느냐?"고 묻는다.

글쓰기의 백미는 책을 쓰는 일이다. 그곳에 인생의 온갖 희로애락이 숨어 있다. 아이디어가 넘쳐흘러 쾌속으로 질주할 때가 있는가 하면, 어떤 때는 아이디어가 막혀서 오도 가도 못할 때가 있다. 책을 쓰는 일은 자신을 다스리고 강건하게 만든다. 그래서 어떤 사람이 다작(多作)을 한다면 그만큼 자기관리에 엄격하다는 의미이기도 하다.

—공병호, 〈글쓰기의 쾌락〉 중에서

(2) 요약하기

대학에서 외국인이 글쓰기를 할 때 요약하기의 과제가 제시되기도 한다. 일반적으로 본 글보다 적은 분량으로 특정한 글을 요약하라는 것인데, 요약하기의 시작은 바로 독해력에서 비롯된다. 요약하기 과제가 제시되었을 때, 그 출발은 주어진 한 편의 글을 두 번 이상 정독하는 일이다. 이것이 전제되지 않는 요약이란 있을 수 없다.

정독 후 다음에 할 일은 본문에서 강조하는 중요 문장(소주제문 및 핵심 뒷받침 문장)을 추출해 내는 것이다. 자신의 관점에서 이 문장들을 새롭게 만드는 것이 아니라 철저하게 한 편의 글에서 내용을 그대로 뽑아서 옮겨 써 보아야 한다. 전체 글 속에 각 단락에서 중요 문장을 그대로 뽑아야 할 것이다. 요약할 내용에는 본문에 있는 예시 문장이나, 상술 문장 따위가 들어가지 않아도 된다.

글의 흐름에 따라 요약한 내용을 열거해 보면 자연스럽게 주장과 그 논거가 드러난다. 요약할 때 주장(소주제문)만 요약해서는 안 된다는 점을 잊지 말아야 한다.

이런 식의 요약이 이루어졌다고 해서 그 문장을 그대로 가져다 요약쓰기의 답안으로 써서는 안 된다. 이제는 이것을 자신만의 글로 재구성해야 한다. 요약한 내용만으로는 요약쓰기 조건을 만족하기는 어렵다. 자신만의 완결된 글이 되기 위해서는 요약한 문장을 다시 단락 쓰기의 조건－통일성, 긴밀성, 완결성을 상기하면서 재배치해야 한다. 그렇기 때문에 요약하기는 엄밀히 말하면 긴 글을 짧은 글로 줄이는 작업이 아니다. 짧을 글로 줄이되 새로운 완결된 한 편의 글로 다시 쓰기를 하는 것임을 잊어서는 안 된다. 요약하기는 새로운 자신만의 글이다.

연습 6

아래 글을 읽고 반드시 들어가야 할 핵심 어휘는 어떤 것이 있는지 골라 보고 그것을 바탕으로 이 글을 300자 내외의 한 단락으로 요약해 보자.

훈민정음해례본이 1940년 안동에서 발견되었을 때, 첫 장이 낙장이었다고 한다. 그런데 훈민정음해례본의 서체를 궁구해 보니 안평대군체였기 때문에 후대에 복원하는 사람들 중에서 안평대군체에 능한 사람이 그 첫 장을 보수했다는 기록이 있다. 첫 장 이외의 나머지 부분이 남아 있었기 때문에 그것을 바탕으로 재현해 낸 것이니 그 복원 과정의 논란을 떠나서 복원 자체는 유효하고 타당하다. 광화문의 현판 '光化門'도 그래야 한다. 따라서 현판은 '광화문'에서 한자 '光化門'으로 교체되는 것이 마땅하다.

우리가 한글을 받들고 숭상해야 할 곳은 바로 교육 현장이나 공익을 앞세우는 곳에서다. 역사적 문화재 앞에서 한글에 매몰되어 역사적 한자를 외래어로 취급하여 지나칠 정도로 시비를 거는 건 너무도 배타적이다. 서구의 학문적, 문화적 전통이 라틴어와 무관하지 않듯이, 우리의 학문적, 문화적 전통 역시 한자로부터 자유로울 수 없다. 그 한자 코드는 의사소통의 도구로만 이해될 성질의 것이 아니다. 우리 문화와 함께 숨쉬었던 문화적 상징 체계이다. 일종의 기호인 셈이다. 한자는 문화를 담고, 문화
를 전달하고, 문화 그 자체였던 것이다. 그런 의미에서 과거의 한자는 더욱 그러하다. 현판의 '光化門'을 문자로만 보지 말아야 한다는 점을 상기해야 한다.

이번 일을 보면서 필자는 우리가 많은 부분에 걸쳐서 이분법에 매몰되어 있는 모습을 확인할 수 있었다. 한글전용 아니면 한자혼용이라는 이분법, 그에 따른 자의적 역사 해석 등이 어쩌면 우리의 문화적 다양성을 해칠지 모른다는 생각에 빠지게 되었다. 결론적으로 말한다면 우리 말글살이에서는 '광화문'이요, 역사 문화적 관점에서는 '光化門'이다. 그리고 노래 제목은 '광화문 연가'일 뿐이다. 그리고 '光化門'으로의 복원은 21세기에 걸맞게 현재 살아있는 사람들이 다시금 그때 그 과거의 모습으로 재창조하는 것이다. 그것이 진정한 민족문화의 계승이다. 정조대왕이 복원해 주면 좋은가? 차라리 그러면 세종대왕이 복원해 주면 더 좋은 일 아닌가?

— 이상혁, 〈광화문 연가, 그리고 우리 시대의 문화 인식〉 중에서

1 아래의 글은 한 문장으로 이루어진 복잡한 문장이다. 이 글을 간단하게 고쳐 써 보자.

> 가산점제도는 수많은 여성들의 공직진출에의 희망에 걸림돌이 되고 있으며, 공무원채용시험의 경쟁률이 매우 치열하고 합격선도 평균 80점을 훨씬 상회하고 있으며 그 결과 불과 영점 몇 점 차이로 당락이 좌우되고 있는 현실에서 각 과목별 득점에 각 과목별 만점의 5퍼센트 또는 3퍼센트를 가산함으로써 합격 여부에 결정적 영향을 미쳐 가산점을 받지 못하는 사람들을 6급 이하의 공무원 채용에 있어서 실질적으로 거의 배제하는 것과 마찬가지의 결과를 초래하고 있고, 제대군인에 대한 이러한 혜택을 몇 번이고 아무런 제한 없이 부여함으로써 한 사람의 제대군인을 위하여 몇 사람의 비(非)제대군인의 기회가 박탈당할 수 있게 하는 등 차별취급을 통하여 달성하려는 입법 목적의 비중에 비하여 차별로 인한 불평등의 효과가 극심하므로 가산점제도는 차별취급의 비례성을 상실하고 있다.
>
> —1999. 12. 23. 헌법재판소 판결문 중에서

2 본문 내용을 중심으로 이 장에서 배운 효과적인 단락 쓰기의 조건 세 가지의 내용을
간단하게 정리해 보자.

	내　　　　용
통일성	
긴밀성	
완결성	

아구찜? 아귀찜?

좋은 음식을 먹는 일은 꼭 경제적 여유에 기대서 이루어지는 것은 아니다. 우리가 살고 있는 이 땅 문화의 한 양상을 직접 체험하는 소중한 경험이다. 값의 문제가 아니라 함께 즐겁게, 의미 있게, 재미있게 음식의 맛을 찾아가는 사람들의 의식 속에는 바로 우리만의 음식 문화의 고갱이가 있다. 그런데 때에 따라서 우리는 이 음식의 어떤 것을 벗 삼아 술을 한 잔 마실까 하는 행복한 고민에 빠지게 된다. 그러나 필자의 직업이 직업인지라 다음과 같은 대화를 보면 그 음식 명칭이 과연 바른가 그른가 하는 문제를 그냥 지나쳐 버릴 수가 없다.

길동 : 오늘 저녁에 퇴근하고 우리 아구찜에 소주 한 잔 어때?

춘향 : 소주에는 그래도 회가 최고예요. 아나고 한 사라면 소주 두 병은 우습죠.

영구 : 난 안 되겠는데. 우리 마누라가 닭도리탕 해 놓았다고 빨리 들어오래.

위에 대화에서 세 사람 모두 잘못된 표현을 쓰고 있다. 길동은 아구찜을, 춘향은 아나고와 사라를, 그리고 영구는 닭도리탕을 제대로 된 음식 명칭으로 알고 무의식적으로 사용하고 있는 것이다. 아니 그 음식 명칭이 분명 잘못된 것 같다고 느끼지만, 맞는 표현이 무엇인지 몰라 그렇게 쓰고 있는지도 모른다. 아마 독자들도 위와 같은 표현에 익숙해 있으리라고 필자는 짐작한다. 솔직히 필자 자신도 아구찜, 아나고, 사라, 닭도리탕이라는 표현에 길들어 있다는 점을 부인하기 어렵다.

결론부터 이야기한다면, 아구찜은 아귀찜으로 써야 맞는다. 그러나 그 음식을 파는 식당 어디를 가도 아귀찜이라고 벽에 붙은 차림표에 써 놓은 집이 있을까? 현실 언어의 위력은 아구찜을 강요하고 있으니 말이다. 아구찜은 아귀찜의 비표준어에 해당한다. 아구가 아귀(입이 큰 바닷고기)의 방언이기 때문이다. 그런데 왠지 모르지만, "여기 아귀찜 한 접시요" 했을 때는 마치 그 맛이 안 살아나니 언중이 잘못 쓰는 관습적인 단어의 위력을 실감하게 된다. 그러나 아귀찜이 맞다면 따르는 수밖에. 포장마차에 가서 "여기 멍게 한 접시요" 하면 맛이 살아나지만, "여기 우렁쉥이 한 접시요"하면 맛이 살아나지도 않을 뿐더러 주인이 "우렁쉥이가 뭐요?"하고 되묻지는 않을까? 물론 이 경우에 멍게는 우렁쉥이와 함께 복수 표준어이기 때문에 문제가 없다.

다음으로 아나고, 사라는 각각 붕장어와 접시로 써야 맞는다. 물론 익히 알다시피 둘 모두 일본말이다. 아나고는 일본말 '穴子'의 원어 발음이다. 한자어로는 해만(海鰻)이라고 하여 바닷장어에 해당한다. 그러니 이 표현은 붕장어라는 표현으로 순화하여 쓰고 말해야 한다. 사라 역시 일본말 '皿'에 해당한다, 그러니 이 표현 역시 접시라는 표현으로 순화하여 쓰고 말해야 한다. 그밖에도 뎀뿌라는 튀김 혹은 어묵이라는 표현으로, 쓰끼다시는 곁들이 안주, 혹은 곁반찬 정도로, 그리고 다대기는 다진 양념 정도로 순화해 쓰는 것이 최소한의 우리말 사랑은 아닐지……

또한 닭도리탕은 닭볶음탕으로 써야 맞는다. 이 경우는 우리말과 일본말이 혼성된 것으로 도리는 일본말 '鳥'에 해당하는 원어 발음이다. 거의 같은 의미가 우리말과 일본말로 반복되어 쓰이고 있다는 점에서 좋은 어휘라고 보기는 어렵다. 비슷한 예로 야끼만두, 복지리 등이 있다. 야끼만두는 군만두라는 말이 있으니 그것을 쓰면 되고, 복지리의 경우는 싱건김치라는 단어가 있으니 복싱건탕 정도로 순화해 사용하는 것이 좋을 듯싶다.

잘못 쓰이고 있지만, 현실 언어의 관습적 위력이 대단하다. 그렇기 때문이기도 하고 그 표현이 더 감칠맛이 나서 쓰겠다면 도리가 있겠나? 그러나 더 좋은 표현이 있다면 이왕이면 다홍치마가 아닐까?

6. 쓴 글 보고 또 보고! ;

지금까지 주제 선정→개요 작성→자료의 수집 및 활용→본문 글쓰기의 4단계의 글쓰기 과정을 살펴보았다. 주제 선정이 글쓰기의 시작이라면 5단계인 고쳐 쓰기는 글쓰기의 마지막 단계라고 할 수 있다. 고쳐 쓰기를 우리는 흔히 수정 혹은 퇴고라고 부른다. 수정과 퇴고는 한 편의 글이 완성되기 전에도 글쓰기 전 과정을 거치면서 이루어지는 일이지만, 한 편의 글이 완성된 후에 반드시 거쳐야 하는 과정이다. 자신이 쓴 한 편의 글에 대한 완성도를 높이는 일이기 때문이다.

이 고쳐 쓰기는 몇 가지 부분으로 나누어 글쓴이가 직접 실행해야 한다. 고쳐 쓰기의 항목으로 제시될 수 있는 내용을 하나씩 살펴보면 다음과 같다.

	고쳐 쓰기 항목
표 현	한국어 어문규정은 준수하고 있는가?
	정확한 의미를 전달하는 적절한 단어를 사용하였는가?
	한국어 문법에 맞는 바른 문장을 사용하였는가?
	정해진 원고의 양은 준수했는가?
내 용	예상 독자를 고려한 글쓰기를 수행하였는가?
	자신이 정한 제목이 적절한가?
	작성된 개요가 충분히 반영되었는가?
	주제와 어긋나는 자료, 누락된 자료는 없는가?
	글의 목적에 부합하도록 한 편의 글이 완성되었는가?
논 리	각 단락마다 소주제문과 뒷받침문장(논거)은 들어있는가?
	단락의 구분은 명확하며 단락 간 유기적 관계를 맺고 있는가?
	한 편의 글이 처음-중간-끝의 구성을 이루고 있는가?

위의 고쳐 쓰기 항목은 크게 표현과 내용, 그리고 논리로 나누어 살펴볼 수 있을 것이다. 고쳐 쓰기의 표현 영역에서는 한국어의 맞춤법, 띄어쓰기, 표준어 사용, 문장 부호와 같은 어문규정에 관한 것으로 틀린 부분이 있다면 이에 대한 수정과 퇴고가 있어야 할 것이다. 이 항목에 대한 수정은 글쓰기의 기본이다. 아울러 한 편의 글이 지나치게 구어체 문장이라면 문어체 문장으로 수정하는 것도 필요할 것이다.

아래의 문장은 띄어쓰기가 되어 있지 않은 문장이다. 띄어쓰기 규정에 맞게 다시 써 보시오.

지옥의가장뜨거운곳은도덕적위기시대에중립을지킨자를위해예약되어있다.

— 단테

고쳐 쓰기의 내용 영역에서는 독자를 고려한 글쓰기, 적절한 제목 달기, 개요 작성 내용 반영 여부, 근거 자료의 적절성, 글 전체 내용이 목적에 부합하고 있는지 여부 따위가 수정 대상일 것이다. 이 고쳐 쓰기의 내용 영역은 글쓰기 고쳐 쓰기를 제외한 글쓰기 4단계(주제 선정→개요 작성→자료의 수집 및 활용→본문 글쓰기)에 대한 전반적인 검토이지만, 한 편의 글이 완성된 후 특별한 사정이 있지 않는 한 대폭적인 수정을 하는 것은 바람직하지 않다.

마지막으로 고쳐 쓰기의 논리 영역은 4단계 본문 글쓰기가 통일성, 긴밀성, 완결성의 측면에서 잘 이루어졌는지를 살펴보는 부분이다. 아무리 좋은 글이라도 유기적 관련성을 가지고 이 부분이 제대로 구성돼 있지 않으면 말 그대로 글이 논리적이지 않다는 비판을 받을 수 있다. 각 단락 안에서 혹은 단락과 단락 사이에서 보이는 결함을 수정하고 보완하는 영역이라고 볼 수 있다.

과거에는 한 편의 글을 쓰고자 할 때, 항상 원고지에 쓰는 전통적 글쓰기의 문화가 있었다. 종이와 묵향을 즐기면서 써 내려가던 시절에는 한 편의 글이 완성되면 자신이 원고지에 직접 빨간색 펜으로 수정하고 다시 고쳐 쓰기를 하는 문화가 있었다. 그러나 컴퓨터의 워드프로세서의 발달은 더 이상 원고지 문화를 허락하지 않았다. 지금 대부분의 글들은 모두 컴퓨터 상에서 이루어지고 있다. 그렇기 때문에 심지어 간단한 한국어 어문규정 따위는 자동으로 바로잡아 주는 시스템이 갖춰져 있다. 그럴지라도 외국인의 경우라면 직접 펜을 들고 원고지에 한 편의 글을 써 보는 것도 수정과 퇴고의 즐거움을 느낄 수 있는 점을 기억하면서 한국어 원고지에 한 편의 글을 써 보는 것도 좋을 것이다.

1 고쳐 쓰기의 항목 중 내용 영역에 속하는 것은 무엇이 있는지 정리해 보자.

2 아래의 글은 단락의 구분이 없다. 이 글을 읽고 후 글의 단락을 구분하여 직접 써 보고 서론-본론-결론을 말해 보자.

희생을 더 아름답게 하는 조건

희생이란 무엇일까? 그 사전적 정의는 "다른 사람이나 어떤 목적을 위하여 자신의 목숨, 재산, 명예, 이익 따위를 바치거나 버림. 또는 그것을 빼앗김"으로 기술되어 있다. 남을 위해 그리고 어떤 목적을 위해 자신을 버린다는 것, 그것만큼 어려운 일은 없다. 왜냐하면 현상적으로 보면 그것은 내가 손해를 보는 일이기 때문이다. 필자가 본 영화 중에서 더 팬(The Fan, 토니 스콧 감독, 1996)이란 영화가 떠오른다. 유명한 배우 로버트 드니로와 웨슬리 스나입스가 주연한 야구 영화다. 그런데 야구를 취미로 하고 있는 필자는 그 영화의 주제와는 별개로 영화 속에서 로버트 드니로가 자신의 아들에게 야구의 위대한 점에 대해서 이야기하는 장면에 주목해 보고자 한다. "세상의 모든 스포츠 중에서 유일하게 희생이 있는 경기가 야구다. 다른 사람에게 기회를 주기 위해, 팀을 위해 나 자신이 아웃이 될 수 있는 경기이기 때문이다" 야구를 전혀 모르는 사람들도 '희생 번트, 희생 플라이, 희생타' 등의 용어를 들어 본 적이 있을 것이다. 앞선 주자의 득점을 위해, 팀의 승리를 위해 자신의 역량을 잠시 유보하고 나 자신을 버리기도 한다. 공동체의 공익적 가치 추구를 위해 사적인 가치를 포기한다고 할까? 그런데 여기서 중요한 점은 야구 경기에서 그 희생을 한 선수에게 희생의 대가로 그 플레이를 공식적 기록에서 제외해 준다는 것이다. 희생 번트나 플라이는 야구 규정 타수에 들어가지 않기 때문에 그 선수의 타율은 보전된다. 일종의 보상인 셈이다. 여기에 야구만이 가지는 희생의 미학이 있다. 아름다운 희생임에 분명하다. 최근 인간의 본성의 문제를 새롭게 제기하면서 인간이 잠재적으로 지니고 있는 '이기적 속성'에 주목하는 생물학적 논의와 사회적 트렌드가 있음을 곳곳에서 본다. 이타적 희생에 대하여 개인의 권리와 사적 이익을 과거보다 더 존중해 주는 분위기가 팽배해진 느낌을 지울 수 없다. 잘못된 공동체의 가치에 종속되어 '나'를 잃었던 과거의 역사에 대한 보상의 차원에서 '개인주의'는 '자유주의'와 아주 친한 듯 보인다. '희생'은 도덕적 차원에서만 관념적으로 가르쳐지고 인식되고 있다. 여기에 우리의 딜레마가 있다. 희생은 무모한 것일까? 이제는 어리석고 아름답지 못한 가치로 전락하는 것일까? 해답을 찾을 필요가 있다. 그것은 다름 아닌 보상의 실천이다. 희생이 진정 아름다울 수 있는 것은 대가를 바라지 않는 데서 출발한다고 혹자는 강변할 수도 있다. 그러나 사회적 합의를 전제로 희생의 수혜자의 입장에서 희생한 자에 대한 보상은 당연하고 상식적인 일이다. 그래야만 희생이 더욱 의미가 있다. 어쩌면 도발적일 수 있겠으나, 그래서 희생에는 보상이 반드시 함께 따라야 한다. 그것이 이 사회 구성원의 미래지향적 실천이다. 그래도 희생은 아름다울 수가 있다. 희생할 가치가 있는 공동체에 자신들이 속해 있기 때문에 아마도 야구 선수들은 그들만의 자부심이 있는가 보다.

왠지와 웬일, 이게 웬 말?

남자 : "하니(honey)! 오늘은 웬지 / 왠지 떨어지는 비를 맞으며 샤워하고 싶어."

여자 : "어머! 꿀물! 얘, 웬일 / 왠일이니?"

위에 쓰인 한 쌍의 남녀의 말이 웬 말 / 왠 말이냐구요? 위의 대화(?)에서 남자의 표현은 어느 개그맨이 느끼하면서 굵은 목소리로 유행시킨 "오늘은 웬지 / 왠지 어쩌고저쩌고……." 투의 익살스러운 말이다. 그리고 여자의 말, "웬일 / 왠일이니?"는 아마 이 대한민국의 여성들이 시도 때도 없이 아무 때나 사용하는, 애교가 섞여 있다고 그들 스스로 믿는 별것도 아닌 표현이다.

물론 이 글에서는 "하니와 꿀물"이라는 표현에 문제를 삼으려고 하는 것이 아니라, 우리가 일상 언어생활에서 과연 웬지 / 왠지, 그리고 웬일 / 왠일을 정확히 제대로 쓰고 있는가 하는 점을 따져 보려고 한다.

결론부터 이야기한다면 '웬지'와 '왠지'에서는 '왠지'가 맞으며, '웬일'과 '왠일'에서는 '웬일'이 옳다. 대체로 위의 표현을 글로 쓰는 경우가 많지 않기 때문이기도 하지만, '왠'과 '웬'이 가지고 있는 발음의 유사성 때문에 그 표기에 있어서 혼란을 느끼는 경우가 더러 있을 수 있다는 점에서 그 잘못된 표기가 실생활 여기저기서 눈에 띈다. 그러나 이제는 구분을 잘 해서 써야 하지는 않을까?

우선 '왠지'는 의문의 뜻으로 사용하는 부사 '왜'와 어미 '(이)ㄴ지'가 결합되어 '왜 그런지 모르게. 또는 뚜렷한 이유도 없이'의 뜻으로 굳어진 말이다. 따라서 이 '왠지'는 '왜인지'가 줄어서 된 말이므로 '웬지'로 쓰면 잘못된 표기가 된다.

이와는 달리 '웬일'은 의문이나 이유의 의미를 띠고 있는 '왜'와는 관련이 없는 말이기 때문에 ‘왠일’로 써서는 안 된다. 여기서 ‘웬’은 그 형태와 의미가 ‘왜’와는 다른데, 그 ‘웬’은 ‘어찌 된. 혹은 어떠한’의 의미를 띠면서 뒤에 나오는 명사를 꾸며주는 관형사이다. 물론 ‘웬일’은 ‘웬’이라는 관형사에 ‘일’이라는 명사가 붙어 합성어가 되어 ‘(의외의 뜻으로) 어찌 된 일’의 의미를 띤 단어가 되었으니 붙여서 써야만 된다. 그러나 ‘웬 사람, 웬 떡’ 등은 아직 한 단어로 인식이 되지 않는 형태의 결합이므로 띄어 써야 옳다.

다만 최근에 특정한 이익 집단이 자신의 주장과 주의를 담은 구호를 플래카드에 담은 표현에서 ‘×××× ×××× ×××× 웬말이냐’와 같이 네 자로 글자를 붙여 쓴 것이 언중 속에서 일반화면서 ‘웬 말’도 붙여 쓰는 경우가 있는데 이 ‘웬말’이라는 표현은 한국어사전에 올라 있지 않다. 그러니 띄어 쓸 수밖에…

사족으로, 혹은 사견 하나 덧붙인다면, 최근에 와서 말투에 따른 표현 주체가 다르다는 점은 필자는 느끼고 있다. 위의 남자와 여자의 대화에서 ‘오늘은 왠지 어쩌고저쩌고’하는 표현은 특정한 개그맨의 위력 때문인지는 몰라도 실제로 젊은 층에서는 남자들이 더 자주 사용하는 듯하고, ‘웬일이니?’ 라는 표현은 그 독특한 억양(＼／＼／) 탓인지는 몰라도 젊은 여성층에서 빈번히 여럿이 모인 대화 장소에서 특이하게 쓰이는 듯하다. 그러나 표기의 문제만큼은 ‘왠지’가 맞고 ‘웬지’는 틀리며, ‘웬일’이 맞고 ‘왠일’은 틀리니 ‘웬 말’ 나오기 전에 잘 구별해 쓰자.

제4장 외국인을 위한 대학 글쓰기 〈실제〉

이 4장에서는 대학에서 가장 자주 쓰게 되는 두 가지 글쓰기 유형,
즉 정보 전달을 위한 설명하는 글쓰기와
논리적으로 설득하는 글쓰기에 대한 실제를 살펴볼 것이다.
전자가 주로 객관적이고 사실에 기반한 글쓰기라면
후자는 자신의 주장을 담은 주관적인 글쓰기에 해당한다.
특히 논리적으로 설득하는 글쓰기는
대학에서 한 편의 논문을 완성하기 위한
예비적 글쓰기라는 점에서 더욱 중요한 글쓰기라 할 수 있다.

1. 모르는 내용을 설명해 볼까요?

정보 전달을 위한 설명하는 글쓰기

일반적으로 독자에게 정보를 전달할 목적으로 쓰는 글을 설명하는 글이라고 부른다. 독자나 다른 사람이 정확하게 이해할 수 있도록 쉽게 풀어서 글을 쓸 때, 우리는 설명하는 글쓰기를 한다고 말할 수 있다. 외국인의 입장에서 한국에 유학을 온 후 다양한 설명하는 글을 접한 경험이 있을 것이다. 그런데 설명하는 글을 읽은 독자가 그 글을 이해하지 못한다면 그 설명하는 글쓰기는 실패한 것이다. 그렇다면 정보 전달을 위한 설명하는 글쓰기의 특징은 무엇일까?

설명하는 글은 다음과 같은 몇 가지 특징을 지니고 있어야 한다. 우선 설명하는 글은 원칙적으로 글쓴이의 주관이 배제된 객관적인 글이어야 한다. 주장보다는 독자를 이해시키는 것이 목적이라는 점을 기억해야 한다. 둘째로 설명하는 글은 사실이나 지식을 정확하게 전달하는 글이어야 한다. 정보 전달을 위한 글이 부정확한 사실이나 지식을 전달한다면 글의 정체성을 상실할 수밖에 없다. 마지막으로 설명하는 글은 어렵고 난해한 표현보다는 간결하고 명료한 표현으로 구성되어야 한다. 이해하기 어려운 용어나 검증되지 않는 내용을 설명하는 글에서 다루는 것은 좋지 않다.

설명하는 글쓰기의 방법은 여러 가지가 있을 수 있는 크게 지정과 정의, 비교와 대조, 분석과 분류, 예시와 비유 및 묘사로 나눠 볼 수 있다. 지정은 'A는 B다'와 같이 한 대상을 다른 대상으로 풀어내는 설명 방식이다. 예컨대 '금성은 샛별이다'와 같은 설명은 지정에 해당한다. 'A는 B다'와 같은 형식은 비유 중 은유에도 해당하지만, 그 때 'B'는 'A'와 속성만이 유사할 뿐이다. 정의는 'A = X + B'의 형식을 띠고 있는 것으로 정의 대상이 되는 A를 X라는 속성과 B라는 상위 개념으로 설명하는 방식이다. 일반적으로 사전의 뜻풀이 정의가 대표적이다.

연습 1

<표준국어대사전>에서 '한국어'라는 단어를 찾고, <조선말대사전>에서 '조선어'라는 단어를 찾아 사전적 정의를 비교해 보시오.

설명하는 글쓰기 방법 중 비교는 두 대상의 공통점, 대조는 두 대상의 차이점을 설명하는 방식이다. 일반적으로 대조도 넓은 의미의 비교라고 규정하기도 한다. 대상의 여러 면을 비교하거나 대조하는 경우 대상 A를 먼저 설명하고 나중에 대상 B를 설명하는 방식과 대상 A와 B를 번갈아 가면서 설명하는 방식이 있을 수 있다. 예컨대 '경영학과 경제학'은 '문화와 문명' 등은 비교나 대조의 대상이 된다.

분류는 어떤 대상들의 구성 요소를 정해진 기준에 따라 나누어 설명하는 방식이고, 분석은 어떤 대상을 구성하고 있는 요소로 나누는 것이다. 분류가 비교적 큰 대상을 포괄적으로 나누는 데 유용한 설명 방식이라고 한다면, 분석은 한 대상을 그 하위 요소로 나누는 것이다. 예컨대 문학을 분류한다면, 어떤 기준에 따라 시, 소설, 희곡 등으로 나눌 수 있고, 문학을 분석하라고 한다면, 문학 속 하위 영역인 텍스트, 언어, 사건 등의 요소로 나눌 수 있는 것이다.

연습 2

인간의 의사전달 수단인 언어를 '언어적 의사전달'과 '비언어적 의사전달'로 나누어 각각의 하위 범주를 조사하여 분류해 보시오.

예시는 구체적인 예를 들어 설명하는 방식이고, 비유는 그 대상과 유사한 속성을 지닌 다른 대상에 빗대어 설명하는 방식이다. 따라서 예시는 예를 나열하는 방식이라고 할 수 있지만, 비유는 'A는 B다' 혹은 'A는 B와 같다'와 같이 메타언어적 설명 방식이라고 말할 수 있다. 묘사는 기본적으로 그 속성이 주관성을 내포하고 있으나, 사물을 있는 그대로 그리듯이 설명한다면 그것은 객관적인 묘사로서 설명하는 글쓰기에서 활용될 수 있다.

외국인이 대학에서 직접 경험할 수 있는 설명하는 글쓰기는 대개 두 가지 경우로 압축된다. 하나는 교양이나 전공 영역에서 특정한 주제를 부여 받았을 때, 정보 전달의 목적으로 과제를 수행하는 설명하는 글쓰기가 있다. 이 경우는 위에서 제시한 설명하는 글쓰기의 조건과 방법을 통해서 특정 주제에 대한 자료를 객관적으로 수집하고 정리해 학기 중이나 학기 말에 제출하면 된다.

그 외에도 답사나 실험 따위의 과정이나 결과를 정리하여 보고하는 보고문 쓰기가 있을 수 있다. 이러한 갈래의 글도 정보 전달을 위한 설명하는 글쓰기의 한 유형인데 대체로 현장 학습과 연관돼 있다. 일반적인 설명하는 글쓰기와 다른 점이 있다면, 조사가 단순히 도서관이나 인터넷을 이용한 간접 경험의 수준에서 머무는 것이 아니라 직접 현장을 방문하거나 실험이나 설문 등을 이용한다는 점이다. 살아 있는 자료, 예컨대, 녹취 자료, 영상 자료, 통계 수치, 실험 결과 등을 통한 글쓰기라는 점에서 일반적인 설명하는 글쓰기와는 다르다.

<table>
<tr><td colspan="2" align="center">보 고 서
주제 : 한국 거주 외국인의 분포 현황
조사 및 작성자 :</td></tr>
<tr><td rowspan="3">서론</td><td>1. 조사의 동기 및 목적</td></tr>
<tr><td>2. 조사 지역 및 기간</td></tr>
<tr><td>3. 조사 방법 및 대상</td></tr>
<tr><td>본론</td><td>4. 조사 내용
  4.1 한국 거주 외국인의 국적별 분포
  4.2 한국 거주 외국인의 지역별 분포
  4.3 한국 거주 외국인의 직업별 분포</td></tr>
<tr><td>결론</td><td>5. 조사 결과 및 그 의의</td></tr>
</table>

1 대학에서 자신의 전공 영역은 어떻게 세분화되고 있는지 분류해 보고, 다른 대학의 유사 전공과 어떤 차이를 보이고 있는지 설명하라.

2 아시아에서 일고 있는 '한류' 열풍의 원인은 무엇인지 언론 매체의 기사를 분석해 보고, '한류'를 이끌고 있는 대중문화의 유형에 대하여 예를 들어 설명해 보라.

3 이 글의 필자는 '언어의 접촉과 간섭'에 대하여 서술하면서 어떤 '설명하는 방식'을 이용하고 있는지 말해 보자.

두 언어가 접촉을 하게 되면 불가피하게 서로 간섭을 하게 된다. 간섭을 한다는 것은 영향을 주고 닮아간다는 것이다. 간섭은 상호적으로 일어나지만, 주고받는 영향의 정도가 균형을 이루는 것은 아니다. 위세가 큰 언어가 위세가 작은 언어에 간섭하는 정도가 그 반대의 경우보다 훨씬 더 크다.

예컨대 영어는 세계 모든 언어에 크게 간섭했지만, 영어에 대해 그 이상으로 간섭을 한 언어로는, 고대 그리스어나 라틴어 같은 고전어들을 제외하면, 역사적으로 프랑스어가 있을 뿐이다. 두 언어가 접촉하는 것이 꼭 두 언어권이 지리적으로 인접해 있다는 것을 뜻하지 않는다. 지리상의 대발견 이후 서양의 식민 세력이 세계의 구석구석으로 뻗어나가고 교통, 통신의 수단이 발달하면서, 사회적·심리적 인접성은 지리적 인접성 못지않게 중요하게 되었다.

한국과 영어권 사회의 지리적 거리는 아주 멀지만, 20세기 이후 영어는 한국어를 지속적으로 간섭해 왔다. 한국어가 간섭한 언어는 거의 없다고 할 수 있다. 일본어와 중국어의 어휘에 대한 간섭한 흔적이 어렴풋이 남아 있을 뿐이다. 반면에 한국어에 간섭한 언어는 많다. 한국어에서 고유어를 제외한 어휘, 즉 한자어와 외래어의 기원이 되는 언어들은 모두 다 한국어에 간섭을 했다고 할 수 있다. 그 가운데 한국어에 대한 간섭의 정도가 가장 컸던 언어는 중국어, 일본어, 영어 등이다. 한국어의 한자어들은 소수의 고유 한자어를 빼고는 죄다

중국이나 일본에서 건너온 것이고, 서양 외래어의 압도적 다수는 영어에서 차
용된 것이다.

　간섭의 가장 대표적인 유형은 어휘 간섭이다. 방금 얘기한 차용어가 어휘 간
섭의 결과다. 한국어 어휘 전체에서 고유어가 차지하는 비율은 반에도 훨씬 못
미치는 만큼, 한국어는 어휘 간섭을 크게 받은 언어라 할 수 있다. 그러나 그것
이 예외적인 것은 아니다. 예컨대 일본어만 해도 우리와 사정이 비슷하다. 한
자어와 외래어가 어휘의 반이 넘는 것이다. 중국어도 예외는 아니다. 19세기말
이래 중국어는 서양에서 건너온 새로운 개념들을 담은 일본제 한자어들을 대
량으로 차용했다. 유럽의 커다란 언어들도 마찬가지다. 1066년 이른바 노르만
정복 이후 시동을 건 프랑스어의 영어 침략과 몇 백 년 뒤 유럽에서 영국으로
건너간 르네상스는 영어 어휘의 반 이상을 프랑스어나 라틴어－그리스어 계통
으로 만들었고, 르네상스가 한창이던 16세기에 프랑스어는 이탈리아에서 수많
은 단어들을 차용했다.

— 고종석, 〈국어의 풍경들〉의 "접촉과 간섭에 대하여"

안주 일절? 안주 일체?

술은 경우에 따라 우리에게 약이 되기도 하고 독이 된다고 한다. 적당한 음주는 삶의 활력소로서 건강에 오히려 득이 되지만, 과음과 폭음은 건강을 해치며 결국 술이 마약이 될 수도 있다는 지극히 상식적인 얘기다. 필자 또한 술에 대한 집착이 남다른 바, 경우에 따라서는 약으로 마시기도 하고, 독으로 마시기도 한다. 그런데 이상하게도 적당한 음주를 할 때는 안주를 든든하게 먹게 되는데 과음이나 폭음을 할 때는 안주에 손도 대지 않으니 약과 독 사이를 넘나드는 술꾼이 이제는 다 되어 버린 셈이다. 그런 나의 머릿속에 다음과 같은 대폿집 문에 쓰인 문구가 떠오른다.

1) 안주 일절 / 안주 일체

솔직히 옛날 어린 시절에 필자는 골목 어귀 대폿집에 적힌 '안주 일절 / 일체'이라는 표현이 무슨 뜻인지 몰랐다. 그 곳은 내가 갈 곳도, 내가 관심을 둘 곳도 아니었기 때문이기도 하려니와 어느 집은 '일절'로 어느 집은 '일체'로 써 놓았으니 혼란스럽기도 했던 모양이다. 그런데 지금은 그런 곳을 드나들면서 집주인에게 참견한다. "저 표현이 틀렸으니 고치시오"

자 그럼 어떤 것이 맞을까? 다음 예문을 보고 다시 생각해 보자.

2) 출입을 일절 / 일체 금하다.
3) 근심 걱정을 일절 / 일체 털어 버리다.
4) 사회에 재산 일절 / 일체를 환원하다.

1)~4)에서는 각각 '일절'과 '일체' 중 어떤 단어를 선택해야 할까? 그렇다면

‘일절’과 ‘일체’의 뜻 차이는 한국어사전(표준국어대사전, 국립국어원)에서 어떻게 규정하고 있는가?

　　일절(一切) 뷔아주, 전혀, 절대로의 뜻으로, 흔히 사물을 부인하거나 행위를
　　　　　　　　금지할 때에 쓰는 말.
　　일체(一切) 몡모든 것. 뷔모든 것을 다.

　　이렇게 보면 1)은 ‘안주 일체’, 2)는 ‘일절 금하다’, 3)은 ‘일체 털어 버리다’, 4)는 ‘재산 일체를 환원하다’가 맞다. 따라서 각각은 ‘안주 모든 것, 절대로 금지한다, 모든 것을 다 털어 버리다, 모든 것을 환원하다’로 풀어볼 수 있는 것이다. 즉 1)은 명사로, 2)는 일절(一切)의 부사로, 3)은 일체(一切)의 부사로, 4)는 명사로 각각 쓰인 것이다.

　　규정에는 ‘一切’을 ‘일체’와 ‘일절’로 구별하여 사용하는 것을 표준어로 정해 놓고 있다. 참고로 북한의 <조선말대사전(1991)>은 ‘一切’을 ‘일체’로만 읽어야 한다고 규정하고 있어서 남한과는 다르다. 역사적으로 언제부터인지는 분명히 밝혀져 있지 않으나 근대적인 한국어사전이 편찬된 1920년대부터 모든 한국어사전에서 ‘一切’이 ‘전혀, 도무지’의 뜻으로는 ‘일절’로, ‘모두, 온갖’의 뜻으로는 ‘일체’로 읽히는 것으로 풀이되어 있어 그 역사적 전통을 이어 받아 현재의 규정으로 삼고 있다고 한다.

　　이 일절(一切)과 일체(一切) 어휘 선택은 규정으로 정한 바에 따라 쓰면 되는 문제이기는 하나, 한자음의 문제 때문에 남북한의 규정이 달라 그 논란의 여지가 없는 것은 아니다. 그러나 정해진 규정에 따라 무엇이 바른가를 알고 쓰는 것과 모르고 쓰는 것은 그 차원이 다르다. 그러니 앞으로는 규정을 지켜 ‘안주 일체(○)’를 ‘안주 일절(×)’로 일절 읽어서도 써서도 안 될 수밖에……

　　“오늘은 내가 이 집 매상을 올려 줄 테니, 아주머니 여기 안주 일체를 다 주세요!”

2. 독자를 설득해 볼까요?

논리적으로 설득하는 글쓰기

남을 설득해 본 적이 있는가? 일반적으로 설득이라고 하면 말로 자신의 주장을 상대에게 관철시키는 행위라고 인식하는 경우가 많다. 그러나 자신의 주장을 바탕으로 독자에게 논리적인 입장을 밝히는 것도 설득이다. 이것이 논리적으로 설득하는 글쓰기이다. 논리적으로 나와 뜻을 같이 해 주길 바라는 일은 그리 간단치 않다. 내 주장과 관점이 보편적이고 타당하다고 독자가 믿음을 주어야 하기 때문이다. 그렇다면 논리적으로 설득하는 글쓰기의 특징은 무엇일까?

대체로 논리적으로 설득하는 글쓰기는 다음과 같은 몇 가지 특징을 글 속에 간직해야 한다. 우선 첫째로 자신의 주장이 참신하거나 독창적이어야 한다. 누구나 알고 있는 주장이나 생각은 남에게 호소력을 띨 수 없기 때문이다. 또한 자신의 주장이 타당한 근거와 이유, 즉 논거를 가지고 있어야 한다. 특정한 주제에 대하여 자신의 주장이 독창적이라고 하더라도 왜 그러한 관점을 취하게 된 것인지에 대한 논거가 확실할 때만이 그 주장이 설득력을 가질 수 있는 글로 인정을 받게 되는 것이다.

　설득하는 글이 논리적이기 위해서는 주장하는 글이 구조적이어야 한다. 즉 사고나 추리 등을 이치에 맞게 구성하여 글로 표현되어야 한다는 것이다. 따라서 일련의 논거를 제시하는 과정과 구조로서 '논증'이 되어야 한다. 그 논증은 이유나 근거 따위의 논거가 전제로 역할을 하고, 그에 따른 주장이 결론으로 도출될 때 가장 정합적이다. 글쓰기에서 이러한 전제와 결론의 도출 과정은 대체로 귀납 논증과 연역 논증으로 나눠 생각해 볼 수 있다. 전자가 이미 제시된 개별 사례들 속에서 일반화된 주장과 규칙을 찾아가는 논증 과정이라면, 후자는 이미 알려진 주장과 규칙에 근거하여 새로운 사례를 추론하는 과정이라고 볼 수 있다.

　논리적으로 설득하는 글쓰기에서 각 단락은, 그리고 단락과 단락 사이는 바로 이러한 논리의 흐름에 따라 전개된다. 경우에 따라서는 연역적 논증 방법으로 자신의 주장을 펼치기도 하고, 때로는 귀납적 논증 방법으로 자신의 입장을 표출하기도 한다. 주장할 내용을 먼저 제시하고 이유나 근거를 뒤에 덧붙이게 되면 연역 논리가 되는 것이고, 사례나 근거를 제시한 후 그것을 바탕으로 주장을 일반화하면 귀납 논리가 성립하는 것이다.

연습 1

　아래의 시는 서정시이다. 그러나 이 시의 첫 연에서 마지막 연으로 이르는 과정은 어떤 논리의 흐름과 맞닿아 있다. 시를 처음부터 끝까지 읽고 그 논리의 흐름을 말해 보자.

어느날 古宮을 나오면서_김수영

왜 나는 조그마한 일에만 분개하는가?
저 王宮 대신에 王宮의 음탕 대신에
五十원짜리 갈비가 기름덩어리만 나왔다고 분개하고
옹졸하게 분개하고 설렁탕집 돼지같은 주인년한테 욕을 하고
옹졸하게 욕을 하고

한번 정정당당하게
붙잡혀간 소설가를 위해서
언론의 자유를 요구하고 越南파병에 반대하는
자유를 이행하지 못하고
二十원을 받으러 세번씩 네번씩
찾아오는 야경꾼들만 증오하고 있는가

옹졸한 나의 전통은 유구하고 이제 내 앞에 情緒로
가로놓여있다
이를테면 이런 일이 있었다
부산에 포로수용소의 第十四野戰病院에 있을 때
정보원 너어스들과 스폰지를 만들고 거즈를
개키고 있는 나를 보고 포로경찰이 되지 않는다고
남자가 뭐 이런 일을 하고 있느냐고 놀린 일이 있었다
너어스들 옆에서

지금도 내가 반항하고 있는 것은 이 스폰지 만들기와
거즈 접고 있는 일과 조금도 다름없다

개의 울음소리를 듣고 그 비명에 지고
머리에 피도 안 마른 애놈의 투정에 진다
떨어지는 은행나무잎도 내가 밟고 가는 가시밭

아무래도 나는 비켜서있다 絶頂 위에는 서있지
않고 암만해도 조금쯤 옆으로 비켜서있다
그리고 조금쯤 옆에 서있는 것이 조금쯤
비겁한 것이라고 알고 있다!

그러니까 이렇게 옹졸하게 반항한다
이발쟁이에게
땅주인에게는 못하고 이발쟁이에게
구청직원에게는 못하고 동회직원에게도 못하고
야경꾼에게 二十원 때문에 十원 때문에 一원 때문에우습지 않느냐 一
원 때문에

모래야 나는 얼마큼 적으냐
바람아 먼지야 풀아 나는 얼마큼 적으냐
정말 얼마큼 적으냐……

—1965. 11. 4

논리적으로 설득하는 글쓰기의 구성 방식은 완성된 한 편의 글이라면 대체로 세 가지 유형으로 나누어 볼 수 있다. 한 편의 글이 서론－본론－결론이라는 3단 구성을 이루고 있다고 전제했을 때, 완성된 글의 단락 수에 관계없이 다음과 같은 구성 방식으로 한 편의 글을 쓰게 되면 논리성을 갖추고 있다고 봐도 무방하다. 그러나 모든 논리적으로 설득하는 글이 이렇게 일반화되지는 않는다.

① 주장→반대 의견 제시→주장 확인
② 문제 제기→현상 파악→주장(대안 제시)
③ 다른 주장 비판→비판의 근거→새로운 주장

—〈글쓰기ing〉, 2007, 한성대

①의 설득적 글쓰기 구성 방식은 대체로 연역적 흐름에 따라서 전개된 진술 방식이라고 판단된다. 반면에 ②와 ③의 설득적 글쓰기 구성 방식은 귀납적 흐름에 따라 전개된 진술 방식으로 현상 파악에 초점을 맞출 것인가 아니면 기존의 주장을 비판의 근거로 삼을 것인가에 차이일 뿐이다. 요컨대 외국인이 한국어를 사용하여 논리적으로 설득하는 글쓰기를 하고자 할 때 머릿속에 이 세 유형을 기억해 둔다면 좀 더 자신만의 관점에서 좋은 글을 쓸 수 있을 것이다.

연습 2

아래의 글은 논리적으로 자신의 주장을 펼치기 위해서 어떠한 설득 구성 방식을 선택하고 있는지 말해 보자. 이 글의 논리에 동의할 수 없다면 어떤 이유인지 자신의 주장을 두 단락의 글로 써 보자.

한국에 근대 축구가 도입된 것은 20세기 초로 알려져 있지만 한국 축구가 획기적 발전을 이룬 것은 다른 모든 스포츠들이 그렇듯 60년대 이후의 개발독재 시기이다. 정당성을 가지지 못한 군사 정권은 급속한 경제 개발을 통해 정당성을 확보하려 했고 다양한 이데올로기적 상징을 통해 사회적 통합을 이루고자 했다. '근대화'라는 말 자체가 하나의 중요한 정치적 상징이었음은 물론이다. 개발 독재는 강력한 대중 동원 체제를 요구했고 스포츠는 그 과정에서 국가적 통합과 대중 동원을 위한 매우 유용한 수단이었다.

군사 정권은 엘리트 스포츠 육성에 지속적인 투자를 했고 그 결과 한국 스포츠는 각종 국제 경기에서 분에 넘치는 성적을 거두었다. 스포츠에서의 선전은 약소국으로서 한국민들이 가진 열패감을 일시적이나마 완화하면서 국가적인 자존심을 세우는 가장 좋은 통로였다. 그런 차원에서 스포츠는 단지 스포츠가 아니며 국가주의, 애국심의 상징이었고 선수들은 국가적 자존심을 대표하는 존재로 인식되었다.

축구는 이런 과정에서 한국민들이 애국심과 국가적 정체성을 투사할 수 있는 가장 중요한 스포츠였다. 축구는 한국이 아시아 지역에서 오래 동안 가장 강한 팀 가운데 하나로 인식되어온 스포츠이고 무엇보다도 일본에 대해 항상적인 우위를 유지해 온 스포츠였기 때문이다.

일본과 벌이는 축구 경기는 한국민들이 일본에 대한 적개심을 강력히 투사하면서 국가적 정체성을 확인하는 가장 좋은 기회였다. 축구만이 애국심의 대상이 된 것도 아니고 일본과의 경기만 관심을 끌었던 것은 아니지만, 적어도 일본과의 축구는 남녀노소를 가리지 않고 '반드시 이겨야만 하는' 게임으로 열광적 관심의 대상이 되어 온 것은 틀림없는 사실이다. 한국민의 축구에 대한 열기와 관심은 기본적으로 이런 맥락에서 형성되었으며 이는 지금까지도 그다지 변화하지 않고 있다.

한국에서 축구의 인기는 단지 스포츠의 문제가 아니라 대단히 정치사회적인 문제라 할 수 있다. 축구는 민족주의와 국가주의, 반일 감정, 개발 독재 시대의 사회적 통합이라는 역사적 맥락과 따로 떼어 생각할 수 없다. 단지 즐겁게 즐길 수 있는 스포츠라고 하기에는 그 사회정치

적 무게가 너무 크다는 뜻이다. 이 점에서 한국 축구와 유럽 축구의 문
화적 차이가 극명해진다.

유럽 축구 역시 국가주의의 성격을 자주 드러내지만 기본적으로 유
럽의 축구 문화는 노동 계급의 오락이라는 데서 시작된다. 반면 한국의
축구 문화는 철저히 국가주의의 대상일 뿐이다. 사실 한국민이 좋아하
는 것은 스포츠로서 축구 자체가 아니라 축구 경기에서 가질 수 있는
승리감과 국가주의적 정체성이라고 말할 수 있다. 국가 대표의 경기에
는 5만 명 수용의 운동장에 5만 명이 모이지만 국내 프로 리그의 경기
는 늘 파리가 날리는 이유가 거기에 있다.

축구에 부여되는 이런 과도한 국가주의가 축구 자체의 발전에 걸림
돌이 되는 것은 당연하다. 한국 축구가 오래 동안 정체를 면치 못하면
서 마침내 아시아 최강이라는 허울조차 위태롭게 된 것은 축구가 여전
히 강력한 국가주의 정서에 발목을 잡혀 있으면서 스포츠로서의 위상
을 제대로 확립하지 못했기 때문이라고 할 수 있다.

— 김창남, 〈월드컵, 국가주의, 그리고 한국축구〉 중에서

이렇게 논리적으로 설득하는 글쓰기는 실제 한국어로 글을 쓰는 다양한 공
간과 장면에서 매일 실현되고 있다. 신문 따위의 사설과 시론, 문학과 예술 작
품에 대한 비평적 에세이, 전공 과목 과제로 주어지는 리포트, 학술지의 학술
논문, 대학원 과정에서 쓰게 되는 학위 논문 등 다양하다. 대학에 다니는 외국
인이 이러한 여러 갈래의 설득하는 글쓰기에 주목해야 하는 것은 당연한 것이
지만, 특히 리포트와 학술지의 학술 논문은 대학 생활에서 필수불가결한 것이
다. 전자는 자신이 직접 논리적으로 설득하는 글쓰기를 수행하면서 얻는 결과
물이고, 후자는 그런 결과물을 얻기 위해 근거가 되는 선행 자료들이다.

아래의 목차는 학술지의 실린 학술논문 목차의 대강이다. 이러한 방식으로 자신이 대학에서 수강하고 있는 과목의 리포트 과제의 목차를 잡아 보자.

한국학과 훈민정음
−한국어 문화교육을 기반으로 한 훈민정음 콘텐츠를 중심으로−

Ⅰ. 서론

Ⅱ. 본론
  1. '한국학' 용어에 대한 문제 제기
  2. 훈민정음을 바라보는 '한국학'의 두 지점에 대한 반성
  3. 한국학 및 한국어문화 교육의 주요 콘텐츠로서의 훈민정음
  4. 훈민정음 속에 드러난 한국학적 요소에 대한 접근 방식

Ⅲ. 결론

또한 시사적인 사설이나 작품에 대한 비평적 에세이 등도 논리적으로 설득하는 글쓰기를 하는 데 도움을 주는 글이며, 대학원생 외국인의 경우는 학위 논문을 작성해야 하기 때문에 각 대학에서 나온 학위 논문이 어떠한 목차 구성을 통해서 특정한 주제를 논리적으로 전개하여 진술하고 있는지 다각도로 살펴보아야 한다. 궁극적으로 대학이 추구하는 논리적으로 설득하는 글쓰기의 결과의 최고는 논문으로 귀착되기 때문이다.

1 "주장→반대 의견 제시→주장 확인"의 방식으로 "한국에서 영어 공용어를 반대한다."
는 주제의 설득하는 글쓰기 한 편을 1,000자 내외로 완성해 보라.

2 아래의 자료를 영화 비평문(비평적 에세이)을 읽고 이 비평문이 주는 메시지를 600자
내외로 요약해 보라.

> 판타지를 통해 대립된 남북을 소통시키고자 하는 전략은 그리 낯설지 않다.
> 이는 판타지가 무엇보다 상상적 합일을 이끌어내는 데 유용하고, 그런 면에서
> 이상주의적 성격을 지니고 있기 때문이다. 영화 <천군>이 그러했고, 직접적이
> 지는 않지만 <공동경비구역 JSA> 역시 남북 군인들이 서로 소통하는 과정에

서 '퇴행적 판타지'를 차용한 바 있다. (중략) <공동경비구역 JSA>는 현실과 판타지의 대결에서 현실 원칙의 승리, 달리 말해 판타지는 우리가 꿈꾸고 지향해야 하는 이상적 세계일 수는 있으나, 결국 현실의 압력에 의해 산산조각날 수밖에 없음을 보여준다. 하지만 이와 달리 <웰컴 투 동막골>은 결코 판타지를 포기하지 않는다. (중략)

<웰컴 투 동막골>의 판타지는 관객의 감정적 카타르시스를 위해 고통스러운 역사를 감내할 만한 것으로 변형시키는 탈역사화의 가능성이 있다. 이는 역사에 접근하는 많은 영화들이 지니는 근본적인 딜레마다. 하지만 판타지가 역사에 대한 '부정적 가정'(negative subjunctivity)을 통해 기존의 역사를 거꾸로 비추는 거울의 기능을 수행할 수 있다면, 이는 판타지가 역사의 '어딘가 다른 곳'에 눈길을 둠으로써 가혹했던 역사를 반추하도록 하는 계기일 수 있음을 의미한다. 이처럼 역사에 대한 판타지가 '탈역사화'와 '역사에 대한 재인식' 모두의 가능성을 지니고 있다면, 이는 그것이 영화 속의 어떤 다른 요소들과 결합하는가 하는 것이 중요할 수밖에 없다. 역사에 대한 극단적인 두 가지 가능성을 극점으로 삼는 스펙트럼의 어딘가에 위치한 <웰컴 투 동막골>은 영화의 초·중반부에는 루이스 캐롤식의 무의미(nonsense)한 유머와 영화의 후반부에는 휴머니즘이라는 숭고한 가치와 관련을 맺으면서 자신의 자리를 탐색한다.

<웰컴 투 동막골>이 취하는 유머의 전략은 의미가 고정되기 이전으로 회귀함으로써 경직된 이데올로기를 웃음의 대상으로 전락시키는 것이다. 전쟁이 났다는 말에 쳐들어온 놈들이 왜놈인지 되놈인지를 묻는 동막골 주민의 반응은 무의

미한 유머의 모범답안이다. 의미는 '이미/미리' 정해진 그 무엇이 아니다. 의미는 무의미한 상태에서 일정한 방향이 부여될 때 하나의 의미로 고착된다. (중략)

우리의 한국전쟁에 대한 인식에는 남북이 서로 총부리를 겨누었다는 역사적 사실을 넘어서, 정권이 자신들의 권력 유지를 위해 체제 이데올로기로 고정시킨 그릇된 고정관념이 작동한다. <웰컴 투 동막골>의 무의미한 유머는 너무도 당연하게 여겨지는 한국전쟁에 대한 인식, 달리 말해 한국전쟁이라고 입력하면 자동적으로 고정된 답을 출력하는 우리의 경직된 사고를 비틀어댄다. (중략) <웰컴 투 동막골>의 무의미한 유머는 한국전쟁에 대한 통념과 한국사회의 지병인 반공 이데올로기라는 신경통을 들춰냄과 동시에 자칫하면 비역사적 지대로 횡하니 날아가기 쉬운 판타지를 역사적 맥락에 붙들어맨다.

<웰컴 투 동막골>은 '민간인 학살이 있었다'는 역사적 사실을 '자막'으로 수용할 뿐, 이에 대해 '왜'라는 질문은 생략한다. 하지만 <웰컴 투 동막골>의 순진함을 감안할 때, '왜'라는 질문을 통해 역사를 구조적으로 분석하기를 바라는 것이 무리이고 보면, 이 영화의 탈역사화의 가능성은 '동막골이라는 판타지 월드'의 성격에서 찾아야 할 것이다. 영화는 중반부를 넘어가면서 극에 활기를 주던 무의미한 유머 대신에, 노동과 축제의 기쁨이 넘치고 인간이 인간으로 존중받는 이상적 세계로서의 동막골을 보여주는데 치중한다. 마치 그것이 가혹했던 역사가 잃어버린 대안적 세계인 것처럼.

<웰컴 투 동막골>의 판타지가 자신을 바라볼 것으로 상정하는 응시의 지점은 역사의 시선이 아닌 '감당할 만큼의 역사적 아픔'만으로 휴머니즘적 감동을

즐기려는 관객의 시선이다. 전쟁 영화는 역사의 아픔을 상품화하는 부채 의식을 벗어나기 위해 휴머니즘의 힘을 빌리곤 한다. 가장 비인간적인 살육 행위에 대해 휴머니즘은 얼마나 좋은 대안인가. 하지만 역사적 뿌리를 상실한 휴머니즘이란 모든 병을 치유할 수 있다고 약속하면서도 결국에는 아무 병도 치유하지 못하는, 달리 말해 약장사의 혀끝에서만 병을 치유할 수 있는 만병통치약과 다르지 않다. 영화는 노동과 축제가 기쁨이 되는 유토피아의 이미지와 이를 떠받치는 휴머니즘을 통해 판타지가 현실을 극복할 수 있다고 역설하지만, 오히려 그럴수록 한국전쟁이라는 '구체적 역사'는 증발해 버린다.(하략)

— 안시환, 2005.08.31, 판타지와 역사는 어떻게 만나야 하는가? 〈씨네21〉

짜장면 시키신 분? 자장면 시키신 분?

난 자장면을 좋아한다. 심지어 술을 먹고 숙취가 대단한 아침에도 자장면이 간절한 사람이다. 아침부터 자장면을 시켜 먹을 수 없다면 자장 라면이라도 먹어야 직성이 풀릴 정도다. 그것도 안 되면 컵 용기에 담긴 즉석 자장 라면을 먹어야 할 정도다. 남들은 국물이 있는 해장국이나 북어국을 찾는다 하건만 내 뱃속은 나에게 오직 자장면을 요구한다. 아마도 어렸을 때부터 즐겨 먹던 음식이어서 그런 것인지는 모르나 여하튼 그렇다. 물론 나뿐만이 아니라 내 나이의, 아니 나보다 나이가 많은 분들도 그런 추억이 없을 리가 없지만, 내가 유별난 것은 사실이다.

그런데 시중에 널려 있는 중국 음식점을 어디를 가 봐도 어디 한 군데도 자장면이라는 표기로 차림표를 써 놓은 곳을 보지 못했으니, 그야말로 짜장면이 혹시 맞는 표기라고 많은 사람들이 알고 있는 것은 아닐까? 많은 사람들이 많이 쓰면 그것이 맞는 표기가 되는 것은 아닌가? 그것도 일리가 있는 주장이다. 그런데 유감스럽게도 자장면이 맞는 표기다. 이 또한 말을 쓰는 언중들을 언어 현실을 무시한 표기는 아닌지 한번 생각해 볼까?

자장면의 어원으로 돌아가 보자. 자장면이라는 음식이 정확히 언제 들어왔는지는 알 수 없다. 그러나 단어는 음식이 알려지면서 국어의 차용어 정착된 것이다. 차용은 흔히 외국어를 우리 국어의 어휘 체계로 받아들이는 것을 말하는데 이 단어는 중국어 '炸醬麵' 또는 '酢醬麵'에서 온 것이다. 물론 이 한자를 우리말로 발음하면 '작장면'이 되지만, 이 단어는 중국 발음(중국어)에서 직접적으로 차용된 형태이다. 그 발음은 zhajianmian인데 바로 이 발음이 자장면이냐 짜장면이냐를 결정할 단서가 된다. 그런데 현행 외래어 표기법에 근거하면 바로 zha를 '자'로 써야 맞는 표기가 되므로 결국 자장면이 맞는 표기가 될 수밖에 없다. 다만, zha의 실제 소리가 우리말 ‘자’로 가장 가깝게 들리지만 그렇다고 정확하게 들린다고 단언할 수는 없다는 점이 표기법 문제에 불씨를 다시 당기는 실마리가 될 수도 있다.

또한 이 단어는 먼저 ‘자장(炸醬) + 면(麵)’으로 분석이 된다. ‘면’이라는 글자는 ‘mian’을 직접적으로 차용한 경우가 아니고 우리 한자음으로 적은 것이기 때문에 ‘자장면’이라는 차용어는 외래어의 ‘자장’과 한자어의 ‘면’이 결합되어 새로운 단어로 국어에 수용된 것이라고 볼 수 있을 것이다. 결국 짜장면이 아니라 자장면이 맞는 표기라는 근거는 맞춤법이라는 규범을 따라야 한다는 결론으로 마무리될 수밖에 없다.

그러나 실제 언어생활에서 자장면이라는 발음과 표기를 하는 이가 거의 드물고 오히려 언어 현실과 언중의 습관을 존중해서 짜장면이라는 표기를 해야 한다고 주장하는 이들이 많은 것이 사실이다. 그렇다면 버스는 뻐스로 소주는 쏘주로……. 글쎄 이 문제가 간단하지 않으니 일단 맞춤법을 지키는 수밖에 없으리라.

제 5 장 **외국인을 위한 한국어란
무엇인가?**

이 5장은 한국어 전반에 대한 지식 쌓기의 일환으로 마련된 것이다.
한국어의 개념과 특징, 한국어 표현 수단인 한글의 역사와 현재,
그리고 한국어의 규범, 즉 맞춤법, 표준어, 외래어 문제,
또한 한국어 글쓰기에 필요한 사전 등에 대하여 먼저 알아보고자 한다.
아울러 한국어의 세계화는 어떻게 이루어지고 있는지에 대한
여러 정보를 마지막으로 살펴볼 것이다.

1. 한국어 도대체 넌 누구냐?

한국어의 개념

일반적으로 한국어는 "한반도 전역 및 제주도를 포함하는 한반도 주변의 섬에서 사용하는 언어. 형태상으로 교착어이고, 계통적으로는 알타이 어족에 속한다. 어순은 주어, 목적어, 서술어 순이며, 꾸미는 말이 꾸밈을 받는 말에 앞서는 특징을 지니고 있다"와 같은 사전적 정의를 통해서 그 개념을 이해할 수 있다. 그러나 그러한 사전적 정의에 따라서 한국어의 위상을 이해하는 데는 한계가 있다.

"한국어란 무엇인가? '한국어'라는 현재의 명칭은 언제부터 사용돼 왔는가? 중국이나 일본에서 종종 사용되는 '조선어'와는 어떤 차이가 있는가? 이러한 질문들은 외국인이 한국어를 배우기 전에 배우는 과정에서 한번쯤 제기해 봄직한 문제이다. 이러한 질문에 대한 논의를 1945년 이후 '한국어'의 위상 정립과 관련해 알아보도록 하자.

해방 후 우리는 미군정기를 일시적으로 경험했다. 그 시기는 해방된 '조선어'가 온전히 자신의 지위를 회복하지 못한 시기이기도 하다. 영어와 '조선어'가 공용어(公用語, official language)였기 때문이다.[1] 그리고 독립은 되었지만, '조선어'와 '국어'는 서로 섞여서 사용되면서 Korean language의 명칭은 다소 혼란스러웠다. '국어'가 근대계몽기 시기의 의미를 복원하는 듯 했으나, 1948년 남한 단독 정부가 수립되기까지 지배적 명칭은 '조선어'였다. 물론 이 '조선어'는 일본어와 대등적 위치에 있는 Korean language로서의 '조선어'이다. 그러나 이 '조선어'는 민족어 분단과 더불어 균열하고 두 갈래로 나뉘게 되었다.

'조선'이라는 개념이 일제강점기 이전에 우리 국가(이씨 조선)의 명칭을 계승했다는 것을 부인하지 않는다면,[2] 그리고 단군 조선 혹은 고조선에서 우리 민족의 역사적 정통성을 찾는다면, 그리고 일본어와 대등한 존재로서 일제강점기의 '조선어'라는 개념을 역사적으로 수용한다면 아래의 인식이 가능할 것이다.

---

1) 미 맥아더 사령부에서는 '조선인민에게 고함'이라는 포고 제1호를 발포하였다. 포고 제1호는 "북위 38선 이남의 조선영토와 조선인민에 대한 통치의 전 권한은 당분간 본관의 권한 하에 속한다. 주민은 본관 및 본관의 권한 하에서 발포한 명령에 즉각 복종하여야 하며, 점령군에 대한 모든 반항행위 또는 공공 안녕을 교란하는 행위를 감행하는 자는 용서 없이 엄벌에 처할 것이며 영어를 공용어로 한다"고 되어 있다.

2) 물론 조선은 19세기말에서 20세기 초까지 '대한제국'이라는 국호로 명맥을 유지하다가 일제에 강점되었다. 만약에 '대한민국' 국호의 근원을 고대국가 '三韓'이 아니라 '대한제국'에서 찾는다면, 우리의 입장에서 '대한민국'의 국호가 그리 자주적이지는 않다는 점이 문제가 될 수 있다.

② 한국어 : 대한민국의 언어[국(가)어 : 표준어]

랑그로서의 ① 조선어(민족어로서의 일제 강점기 우리말)

③ 조선어 : 조선민주주의인민공화국의 언어[국(가)어 : 문화어]

이러한 분열과 분단은 무엇을 의미하는가? 그것은 '한국어(국어)'의 탄생과 '조선어'의 새로운 내포적 의미의 생성을 뜻한다. 그 결과 남쪽은 '조선어'에 대한 거부감을 드러냈고, 북쪽은 '한국어'에 대한 거부감과 함께 불인정으로 일관하고 있다. 같은 Korean language로서의 실체가 이데올로기에 의해 분단되고 균열된 양상으로 전개된 것이다. 그래서 우리의 시각에서 보면 이데올로기적 속성이 덧칠된 '조선어'에 대한 또 다른 내포적 의미를 만들어 낸 셈이다.

2 | 한국 전쟁 후 '국어'와 '한국어'의 구축과 성장

1950년대 이후 한국어의 구축과 성장은 상대적으로 조선어의 위축과 정체로 이어진다. 국제 사회에서 바라보는 남북한의 위상 변화는 '한국어'와 '조선어'의 지배적 위치를 바꿔 놓았다. 북쪽의 Korean language는 그 범위를 중국으로 확산시켜 중국 조선족의 '조선어'의 원형이 되었고, 일본 총련계 민족학교의 민족어 및 교과서의 기본적 명칭이 되었다. 그러나 이러한 '조선어'는 현저하게 그 위상이 위축되고 있다.

또한 '국어'는 일제강점기에서 일반 명사로 우리에게 인식되었거나, 일본어의 다른 명칭이었으나, 이제는 한국어의 다른 명칭으로 다시 복원되었다. 우리의 국어사전에서 현재의 '국어'와 '한국어'의 정의를 살펴보도록 하자.

국어(國語) 몡 ① 한 나라의 국민이 쓰는 말. ≒나라말·방어1(邦語).
　　　　　　② 우리나라의 언어. '한국어'를 우리나라 사람이 이르는 말이다.
한국-어(韓國語)[한 : --] 몡 〖어〗 한국인이 사용하는 언어. 형태상으로는
교착어이고, 계통적으로는 알타이 어족에 속한다. 한반도 전역 및 제주
도를 위시한 한반도 주변의 섬에서 쓴다. 어순(語順)은 주어, 목적어(또는
보어), 술어의 순이며 꾸미는 말이 꾸밈을 받는 말의 앞에 놓이는 것 따
위의 특성이 있다. = 한국말·한말1·한어3.
한국-말(韓國-)[한 : 궁-] 몡 〖어〗 = 한국어.
조선-어(朝鮮語) 몡 ① 일제 강점기에, '우리말'을 이르던 말. = 조선말①.
　　　　　　② 조선 시대의 언어. = 조선말②.
조선-말(朝鮮-) 몡 ① = 조선어①. ② = 조선어②.

―〈표준국어대사전〉, 1999[3]

　　〈표준〉에서는 '국어'를 두 가지 의미로 정의하고 있다. 첫째는 일제강점기
문세영(1938)의 정의를 이어받은 ①의 의미이고, 다른 하나는 근대계몽기에서
규정된 Korean language로서의 '국어'이다. 일제강점기라는 질곡의 역사를 뛰어
넘어 근대계몽기로의 복원이라고 볼 수 있다.

　　'한국'이라는 국가 중심의 공시성을 강조하여 〈표준〉은 한반도 전역에서
쓰는 언어를 '한국어'로[4] 정의하고 있다. 따라서 〈표준〉에서는 '한국어'와 '조

---

3) 〈금성판국어대사전 제2판(1996)〉과 〈우리말 큰사전(1992)〉에서 기술된 '한국어'와 '조선어'의 기술
　 은 〈표준〉보다는 미래지향적이다. 다만 〈금성〉의 경우 '한국어'의 〈북한어〉로서 '조선어'를 기술
　 하고 있는 바, 이것은 분단된 현실을 고려한 뜻풀이로 사료된다.
4) 이익섭·이상억·채완(1997)에서는 "한국어는 한반도 전역에서, 한국인 모두가 빠짐없이 모어(母語,
　 mother tongue)로 쓰는 언어이다"라고 정의하고 있다. 金敏洙(1983)에서는 "한국어의 경우는 특정언
　 어의 일종으로서 한어, 일본어, 영어 등과 구별되는 민족어라는 뜻이다. 즉, 국어가 대내적으로 절대

선어’의 정의가 다르다. 국가 정체성과 관련하여 미묘한 문제이긴 하지만, 그런 관점에서 보면 <표준>의 ‘조선어’에 대한 사전적 정의 태도는 수정될 필요가 있다. ‘한국어’ 및 ‘조선어’는 서로 실체 및 대상이 다른 말이 아니기 때문이다. 공통의 랑그로서 우리말인 것이다. ‘한국어’ 및 ‘조선어’는 그 어느 하나도 한반도 이남 혹은 이북의 지역적 방언이 아니며, 특히 ‘조선어’는 역사적 개념으로만 머물 수 있는 언어가 아니기 때문이다.

그 반면 <조선말>에서는 국가를 기반으로 한 ‘한국어’라는 개념이 사전 표제어 목록에 존재하지 않는다. 북쪽 역시 그들의 이데올로기적 한계를 여실히 드러내는 부분이다. ‘한국’이라는 실체를 인정하지 못하기 때문에 ‘한국어’도 그들의 사전에 표제항에 없다. 다만 <조선말대사전>에서는 공시적 국가 개념을 배제하고 우리말의 통시성을 강조하여 정의하면서 우리 민족의 언어라는 범칭으로 ‘조선어’를 규정하고 있다.

> **한국어 / 한국말** – 「조선말대사전」의 표제어로 등재되어 있지 않음.
>
> **조선어** 〔명〕 = 조선말.
>
> **조선말** 〔명〕 아득한 옛날부터 조선인민이 써내려오면서 발전시켜온 민족어. (중략) (=)조선어.
>
> —<조선말대사전>, 1992

이러한 민족어의 균열은 언어의 디아스포라(diaspora)를[5] 낳았고, 변경의 ‘조

적인데, 한국어는 대외적으로 상대적이다.”라고 하였다.

5) ‘분산’, ‘흩어짐’이라는 뜻의 그리스어. 히브리어로는 ‘Galut’, 곧 ‘유배’라는 뜻으로‘, 팔레스타인을 떠나 온 세계에 흩어져 살면서 유대교의 규범과 생활 관습을 유지하는 유대 인을 이르던 말. ‘어의’

선어'를 파편적으로 분리시켰다. 그리고 '조선어'가 '북쪽의 언어'라는 이데올로기에 매몰돼 버렸다. 결국 해방 공간 시기에 조선어의 분열은 21세기 언어 환경 안에서 조선어의 위축으로 전이된 셈이다. 그것은 역으로 한국어의 확산에 기인한 바 있다. 그리고 불가피하게 한국어의 확산은 도리 없이 조선어의 위축을 가속화한 것이다. 중국에서 범칭으로 삼는 Korean language의 명칭은 더 이상 '조선어'만의 독자적 명칭을 허락하지 않았다. Korean language 이중 언어 화자 및 중국의 한국어 전공자들은 심리적으로 '조선어'와 '한국어' 사이에서 전략적이든 현실적이든 '한국어' 명칭을 통해서 현실적 원형으로 보고자 하는 움직임이 있는 것이 사실이기 때문이다.

'한국어' 명칭과는 별도로 최근 '국어' 명칭에 대한 논란도 주목해 볼 사항이다. 한국어 모어 화자들이 사용하는 '국어'라는 용어에 대한 부정적 인식 태도와 맞물려 '국어' 역시도 '한국어'로 그 명칭을 통일하자는 움직임이 있다. 대학의 학과도 국어국문학과에서 한국어문학과 혹은 한국어문학부 등으로 명칭이 변하고 있다. 이러한 흐름은 국제화 시대의 '한국어' 위상 제고와도 밀접한 관련이 있는 것으로 판단된다. 또한 '국어'라는 명칭이 지니는 전근대적인 어감에 기인한 결과이기도 하겠다.

요컨대 '한국어'라는 명칭은 21세기에 들어선 지금 대외적으로는 '조선어'라는 명칭과의 경쟁 속에서 그 확고한 지위를 확보해 나가고 있다. 그리고 대내적으로도 '국어'의 명칭을 대체할 수 있는 명칭으로 그 위상을 정립해 나가고 있는 실정이다.

의 확장으로 원하지 않았지만, 조국을 떠나 세계를 떠돌아다니는 이방인들을 가리킨다. 우리의 입장에서 보면 조선족, 재일교포, 해외 입양인 등이 이에 해당한다.

1 아래 웹 사이트의 기사를 읽고 '한국어'의 위상과 개념 문제에 대하여 벌어지고 있는 논쟁의 화제가 무엇인지 생각해 보자.

'국어'란 용어 대신 '한국어'를 써야 하나?

국어연구원 최용기 학예연구관, '국어' 폐지 주장에 반박

08.08.29 16:57 | 최종 업데이트 08.08.29 20:59

신한식 (shin1)

'국어(國語)'란 명칭을 '한국어(韓國語)'로 바꾸자는 주장에 대해 찬반 의견이 맞서고 있다.

일부 언어연구가들은 최근 보통명사로서의 '국어'보다는 국제화 시대에 맞추어 고유명사로서 '한국어'라는 명칭을 사용하는 게 좋다는 의견을 내놓고 있다. 특히 '국어'라는 용어는 일제의 잔재이며 이데올로기의 표상이므로 '한국어'로 바꾸자는 논리까지 제시하고 있다.

▲ 국어기본법 제정에 관한 공청회 등에서 '국어'를 폐지하고 '한국어'로 바꿔 쓰자는 주장이 제기되고 있다. 지난 4월 세종문화회관에서 열린 '국어기본법 공청회' 장면.

http://www.ohmynews.com/NWS_Web/view/at_pg.aspx?CNTN_CD=A0000141171

2 자신이 한국어를 배우게 된 계기는 무엇이며, 평소에 한국어를 배우면서 겪은 어려움
은 무엇인지 말해 보자.

2. 한국어, 이것만은 꼭 알자! ❯

한국어의 일반적 특징

01 | 한국어의 분포

현재 지구상에는 5,000여 종이 넘는 언어가 있는 것으로 알려져 있다. 그러나 세계 인구의 8할 정도는 이 중 불과 20여 개의 언어만을 사용하고 있다. 나머지 대부분의 언어는 사용자 수가 그리 많지 않다. 혹자는 이러한 소수 민족의 언어가 절멸 위기에 있다고 단언하기도 한다. 과거 만주어의 몰락을 기억한다면 그러한 예측이 결코 틀린 것만은 아닐 것이다. 한국어는 남한과 북한을 합쳐 약 7,000만 명이 사용하는 언어이며, 그 외에 여러 나라에 거주하는 동포들까지 합쳐도 사용 인구가 1억 명을 넘지 않는다. 그러나 최근 한류 바람의 영향과 한국의 국제적 위상이 높아짐에 따라 한국어를 배우고자 하는 수요가 나날이 증가하고 있다.

계통적으로 보면 한국어는 몽골어, 터키어, 퉁구스어, 만주어 등과 함께 알타이 어족에 속한다고 알려져 있다. 그러나 역사적으로 한국어가 제일 먼저 분화되었을 것으로 추정하고 있다. 그 이유는 나머지 세 언어가 상대적으로 유사한 반면에 한국어가 가장 그 친연성 정도에서 거리가 있기 때문이다. 일부 학자는 알타이 어족에 한국어가 속한다는 전통적인 가설에서 벗어나 한국어와 일본어의 동계설을 주장하기도 한다. 그만큼 일본어와의 관련성도 무시할 수 없는 것이다. 그러나 일반적으로 한국어는 여전히 알타이 어족에 속하다는 입장이 지배적인 학설이다.

알타이 어족에서 분화된 한국어는 부여 · 한 공통 조어의 시기를 거쳐 한반도에 정착한 언어로 고대 삼국의 언어로 갈리게 되었다. 고구려어, 백제어, 신라어가 그것이다. 이 언어는 신라의 통일과 함께 경주말 중심의 신라어로 통일되며, 고려 시대를 거치고 조선 시대로 이어오면서 지금의 현대 한국어로 정착되었다. 다만 현재 남과 북이 분단된 상황에서 북쪽의 '조선어'와 남쪽의 '한국어'로 나뉘어 있지만, Korean으로서는 그 실체가 같은 언어라고 볼 수 있다.

또한 한국어는 언어 유형론적 분류의 하나인 형태적 특징에서 보면 교착어 (첨가어)로 분류된다. 교착어는 중국어 따위의 고립어와 영어 따위의 굴절어의 중간적 성격을 띠는 언어로서 어근과 접사에 의해 단어의 기능이 결정되는 언어 형태라 할 수 있다. 단어의 중심이 되는 형태소인 어근에 접두사와 접미사 등이 결합하여 단어를 형성하는 특징을 지니고 있다. 또한 명사에 조사가 붙고, 동사에 어미가 붙어 곡용과 활용이 자유로운 언어로 이 역시도 한국어를 교착어로 보는 중요한 특징에 해당한다.

03 | 한국어의 문법 특징

개별 언어마다 문장을 구성하는 유형에 차이가 있는데, 한국어는 '주어 + 목적어 + 서술어' 순서로 문장이 이루어지는 언어이다. 이러한 특징을 보이는 언어에는 일본어, 몽고어, 터키어 등이 있다. 이러한 언어를 SOV형의 언어라고 부른다. 영어와 중국어는 SVO형의 언어로 서술어와 목적어의 위치가 한국어와 다르다. 결국 한국어는 서술어로 문장을 종결하는 언어로서 아래와 같은 문형들이 존재한다.

　ㄱ. **주어 + 서술어** : 윤서가 웃는다(동사문). / 윤서는 학생이다(명사문).
　ㄴ. **주어 + 목적어 + 서술어** : 윤서가 아빠를 사랑한다.
　ㄷ. **주어 + 보어 + 서술어** : 윤서가 선생님이 되었다.
　ㄹ. **주어 + 부사어 + 서술어** : 꽃이 매우 예쁘다.
　ㅁ. **주어 + 부사어 + 목적어 + 서술어** : 윤서가 아빠에게 꽃을 드렸다.

둘째, 한국어는 수식어가 항상 피수식어 앞에 오는 언어이다. 영어는 수식어가 피수식어 앞에도 오고 뒤에도 오지만, 한국어는 반드시 수식어가 피수식어 앞에 와야 한다. 예를 들어 '관형어 + 체언, 부사어 + 서술어' 등의 관계가 그러하다. 이러한 언어를 왼쪽 가지치기 언어라고 부르기도 한다. 수식어가 항상 피수식어 왼쪽에 출현하여 꾸며주기 때문에 붙여진 이름이다.

ㄱ. <u>예쁜</u> 윤서.

ㄴ. <u>한국어를 사랑하는</u> 윤서.

ㄷ. 윤서는 항상

cf. a pretty girl / The girl who is pretty.

셋째, 한국어는 문장 성분의 자리 이동이 비교적 자유로운 언어이다. 일반적으로 '주어-목적어-서술어'의 어순을 보이며, 서술어는 항상 문장 끝에 위치하지만, 이러한 어순이 고정돼 있지 않다. 특히 문어가 아닌 구어에서는 그러한 현상이 더욱더 빈번하다. 그러나 모든 문장 성분이 자유롭게 이동하는 것은 아니다. 그리고 격조사가 생략된 문장에서는 문장 성분이 자유롭게 이동할 수 없다. 또한 문장 성분이 뒤바뀔 경우 본래 어순과는 달리 문장의 의미가 다소 달라지기도 한다. 이러한 한국어를 자유 어순 구조를 가진 언어라고 부른다.

ㄱ. 윤서가 아빠를 사랑한다. / 아빠를 윤서가 사랑한다.

ㄴ. 너를 사랑한다. 아빠가(구어)

ㄷ. 윤서 학교 갔다. / ? 학교 윤서 갔다.

ㄹ. ?? 주었다 나는 꽃을 딸에게.

넷째, 한국어는 주어와 목적어 따위의 필수 성분이 종종 생략되는 언어이기도 하다. 구어체에서 말하는 이와 듣는 이가 주어와 목적어를 알고 있는 경우 그 각각이 실제로 드러나지 않는다. 이것은 한국어의 문어와 구어의 차이에서 비롯된 것으로 구어의 발화 장면에서는 화자와 청자가 그 상황을 이미 인지하고 있기 때문이다. 아래의 대화 상황을 보면 그 사실을 알 수 있다. 따라서 외국인이 한국어를 배울 때, 문어와 구어의 차이를 인식하면서 적절한 상황과 장면에서 보다 한국어의 특징을 제대로 이해하는 게 필요하다.

> **아빠** : (너) 밥 먹었니?
> **딸** : 아니요, (제가) (밥을) 안 먹었어요.
> **아빠** : 그럼 어서 (네가) (밥을) 먹어라.

　다섯째, 한국어는 경어법이 아주 발달한 언어이다. 나이가 많고 적음, 지위 고하, 그리고 서로 친하고 덜 친한 관계에 따라서 다양하게 높임법이 실현된다. 또한 대상이 주체인지 상대방인지 객체인지에 따라서도 한국어는 적절한 높임의 방법으로 표현되어야 한다. 그렇기 때문에 외국인이 한국어를 배울 때, 무엇보다도 어려워하는 내용이 바로 이 부분이다. 한국어를 아주 잘 구사한다고 하는 외국인일지라도 경어법에 어긋나는 표현을 말하거나 쓰는 경우를 종종 보게 된다. 이것은 한국어가 다른 언어와 문화적으로도 다르다는 것을 보여주는 대표적인 특징이다.

1 아래의 내용은 한국어의 9품사를 분류한 것이다. 자신의 나라의 품사 체계와 어떻게 다른지 말해 보자. 또한 각 품사의 의미를 사전에서 찾아 정리해 보자.

한국어의 품사 분류표		
체 언	명사, 대명사, 수사	
관계언	조사	
용 언	동사, 형용사	
수식언	관형사, 부사	
독립언	감탄사	

2 아래의 글을 읽고 〈보기〉의 관용 표현과 그 뜻을 서로 연결해 보자.

말은 문화를 담는 그릇

윤　서 : 은수야, 지난주에 시험 잘 봤니?

은　수 : 몰라, 결국 <u>미역국 먹었어.</u>

제시카 : 미역국을 먹다니… 갑자기 무슨 말이야?

은　수 : 시험에 떨어졌다는 뜻이야. 준비를 좀 더 했어야 했는데…

윤　서 : 나도 마찬가지야. 우린 항상 <u>소 잃고 외양간 고치려 한다니까.</u>

제시카 : 갑자기 외양간은 왜 고쳐?

한국어에는 여러 가지 흥미로운 표현이 많다. 관용 표현이 대표적이다. 관용 표현은 둘 이상의 단어가 만나서 본래의 의미와는 달리 특별한 의미를 띠고 굳어진 채 사용되는 말이다. 위의 대화에서는 이러한 관용 표현이 다양하게 등장하고 있다. '미역국을 먹다'는 관용어라고 부르며, '소 잃고 외양간 고친다'는 속담의 예이다. 또한 '어부지리'는 옛날이야기에서 유래한 고사 성어에 해당한다.

위의 대화에서 우리말이 서툰 외국인 학생은 두 한국인 친구의 대화를 잘 이해하지 못하고 있다. 우리말을 배웠지만, 관용 표현에 익숙하지 않기 때문이다. 우리 문화에 낯선 외국인에게는 어렵기 마련이다. 예컨대 '미역국'은 우리 고유의 음식이고 이러한 음식 문화를 통해서 우리는 새로운 표현을 만들어 낸 것이다. 이렇듯 관용 표현은 우리 문화를 담아내는 그릇과 같다.

한국어의 관용 표현은 여러 가지 특징을 가지고 있다. 우선 일상적인 표현보다 더 재미있고 웃음을 이끌어내는 표현이다. '이름을 날리다, 꼬리를 감추다, 밥숟가락을 놓다, 닭살이 돋다, 감투를 쓰다' 등이 그러한 예이다. 또한 관용 표현은 그 속뜻을 통해서 우리들에게 교훈을 주기도 한다. '고래 싸움에 새우 등 터진다, 뛰는 놈 위에 나는 놈 있다, 낫 놓고 기역자도 모른다, 사공이 많으면 배가 산으로 올라간다' 등이 이에 해당한다.

한편 많은 관용 표현은 그 표현이 만들어진 어떤 유래가 있다. 위의 대화에서 사용된 '와신상담'이나, '시치미를 떼다, 산통을 깨다, 금강산도 식후경' 따위는 좋은 예이다. 그러한 관용 표현의 유래를 아는 것도 우리 문화를 제대로 이해하는 일이다.

관용 표현을 통해서 우리는 단조로운 언어생활에서 벗어나 풍부한 표현을 경험하게 된다. 말을 하거나 글을 쓸 때 이러한 표현을 적절하게 사용하게 되면 인상적이고 효과적으로 자신의 뜻을 잘 전달할 수도 있다. 넓게 보면 우리나라 사람들의 삶과 생각을 보다 깊이 이해하는 기회가 되기도 한다.

이렇게 굳어진 관용 표현과 달리 시대가 변하면서 새로운 관용 표현이 등장하기도 하고, 이미 있던 것이 시대에 맞게 바뀌기도 한다. '별을 달다, 버스를 놓치다, 불도저 앞에서 삽질한다' 등이 그것이다. 이러한 표현들이 아직은 사람들에 의해 관용 표현으로 쉽게 받아들여지지 않을 수도 있다. 그러나 관용 표현은 사회의 변화와 특징을 비추는 거울과도 같기 때문에 현대에 맞게 바뀌는 것은 관용 표현의 새로운 생명력이다.

ㄱ. 미역국을 먹다	도망가거나 사라지다
ㄴ. 이름을 날리다	직위를 차지하다
ㄷ. 꼬리를 감추다	죽다
ㄹ. 밥숟가락을 놓다	무섭다
ㅁ. 닭살이 돋다	명예를 얻어 유명해지다
ㅂ. 감투를 쓰다	시험에 떨어지다

3 위 글에 나오는 속담을 속담 사전에서 찾아 그 뜻을 써 보자.

• 소 잃고 외양간 고친다	일이 이미 잘못된 뒤에는 손을 써도 소용이 없음을 비꼬는 말.
• 금강산도 식후경	
• 뛰는 놈 위에 나는 놈 있다	
• 낫 놓고 기역자도 모른다	
• 고래 싸움에 새우등 터진다	
• 사공이 많으면 배가 산으로 올라간다	

4 다음 만화를 보고 '일석이조'의 의미를 추측해서 말해 보자.

주운 돈 남은 걸로 아이스크림 사 먹자.
하! 주운 돈으로 포식한다!
그런 걸 一石二鳥라 하는 거야.
길을 걸을 때 눈을 크게 뜨고 흘린 돈 있나 없나 보는 거야.
그래야 또 떡볶이에 아이스크림 먹지.
너희들 혹시 돈 떨어진 거 못 봤니?
왁! 그게 할머니 돈이었어요?
一石二鳥라고 좋아했다 망했다!

5 (1) 밑줄 친 관용어의 의미를 사전에서 찾아보자.

- <u>눈이 맞다</u> : 두 사람의 마음이나 눈치가 서로 통하다
- <u>눈에 차다</u> :
- <u>눈에 불이 나다</u> :

(2) 위의 관용어를 일반적인 표현으로 바꾸어 보고, 관용어를 사용했을 때와 느낌이 어떻게 다른지 이야기해 보자.

6 위에서 찾은 관용 표현을 이용하여 짧은 글을 써 보자.

3. 세계 최고의 명품 문자 ;

　문자는 인간이 만들어 낸 문화적 피조물이기 때문에 그것을 사용한 인류 문명과 아주 밀접한 관계를 가지고 있는 동시에 한편으로는 그러한 기록을 남기게 만든 인간의 음성 언어와도 분리하여 파악될 수 없는 대상이다. 인간의 언어가 가지고 있는 시간성과 공간성의 제약은 문자의 발생을 가져 왔으며, 따라서 문자는 인류 문명사와 그 궤를 같이 하며, 그 문명 발전 과정에서 그 자체가 변형되고 발달된 것이다. 그 변형과 발달을 거듭하면서 인류는 보다 고차원적인, 그리고 보다 다양한 문자를 갖게 되었다.

　그러나 인간의 음성 언어는 그 우열을 가릴 수 없기 때문에 아프리카나 에스키모의 언어보다 영어나 한국어가 우월하다고 말할 수 없다. 특정한 언어가 우월하다는 의식을 인간이 갖게 된 데에는 문화적 제국주의나, 혹은 자민족 우월주의, 그리고 사회진화론에 입각한 약육강식의 경쟁주의 등이 20세기 이후 득세한 탓에 빚어진 편견에 불과하다. 그러나 인간이 고안해 낸 문자는 상대적으로 그 우열을 가릴 수 있다. 즉 보다 원시적인 문자가 있는가 하면, 보다 과학적인 문자가 존재할 수도 있고 역사상 그러했다.

01 | 문자와 문자론

문자란 무엇인가? 문자(letters)는 말이나 소리를 시각적으로 구현해 내고, 표기할 수 있도록 고안된 기호 체계이다. 시각적 기호의 하나로 이 역시도 관습적, 사회적 규약(convention)이라고 말할 수 있을 것이다. 다시 말하면 말, 즉 음성 언어가 가지고 있는 추상적 규약을 실현해 내는 또 다른 규약이며, 그것은 곧 음성 언어의 2차적 혹은 부차적 의사소통 형식으로 정의될 수 있을 것이다.

인간의 음성(sound)이 형식이고 그 내용이 의미(meaning)라는 인간 언어의 이원성(duality)이라는 특징을 인정하면서, 아울러 음성 형식을 가시화하여 실현해 내는 또 다른 형식인 문자가 그 위치를 차지하고 있다. 다만 과거나 현재에도 문자가 없는 언어를 가지고 있는 민족이 있었기 때문에, 그리고 인간 음성 언어를 기록하는 필수적 요소로서 문자가 그 위치를 차지하지 못했기 때문에 문자는 언어학 담론의 주변부 요소였던 것이다. 그러나 21세기에 문자 없이 언어 생활을 하는 민족은 거의 찾아볼 수 없으며, 그런 측면에서 문자는 음성 형식, 의미 내용과 더불어 정립(鼎立)의 한 축을 형성한다고 해도 과언이 아니다. 문자의 입장에서 보면 음성 형식을 다시 형식화하는 것이고, 의미 내용을 함축하는 것이기 때문이다.

문자론(graphonomy), 혹은 문자학은 인류가 고안해 내어 발전시킨 문자의 생성, 전파 및 그 기능과 특징에 관한 연구이다. 일반적으로 문자론은 두 가지의 연구 분야로 이루어졌다고 볼 수 있다. 하나는 문자의 발명부터 현재에 이르는 과정에 대한 역사학적 문자론이 그 연구 분야이고, 다른 하나는 언어와 문자의 관련성, 그리고 문자의 기능과 특징, 법칙을 연구하는 언어학적 문자론이다. 전자가 인류 문명사나 고고학, 문화사, 문헌학 등에서 논의되는 통시적 학문의 영역이라면, 후자는 언어학적 관점에서 논의되는 공시적 학문의 영역이라고 할 수 있을 것이다. 그러나 언어학적 문자론도 역사학적 문자론의 뒷받침 없이는 그 토대와 제 영역을 구축하기엔 어려움이 많다.

훈민정음에 대한 연구도 이와 비슷해서 단순히 훈민정음이라는 문자의 기능, 특징, 그 법칙을 논하기 이전에 훈민정음이라는 문자의 탄생 이면과 밀접한 관련이 있는 한국 문화사나 역사 등과의 관계를 고려하지 않고 논하기는 어렵다. 즉 훈민정음의 창제는 인문학적 관점에서 바라보아야 하고 훈민정음에 대한 언어학적 문자론도 그 시각에서 그리 자유로울 수 없다.

02 | 문자의 발달과 훈민정음

역사학적 문자론의 입장에서 인류 문자의 발달사를 문자 유형의 발전과 관련지어 생각해 보자. 문자는 크게 그 유형에 따라 ① 회화문자(繪畵文字 : pictogram : 그림글자), ② 표의문자(表意文字 : ideogram : 뜻글자), ③ 표음문자(表音文字 : phonogram : 소리글자) 등 세 종류로 나눌 수 있다. 이 셋은 인류의 문자를 개괄적으로 분류한 것에 지나지 않으나, 문자의 역사상 이러한 순서대로 발달했다고 대체로 파악해 볼 수 있다. 물론 표음 문자가 가장 발달한 단계의 문자이다.

회화 문자는 암각화 등의 그림으로써 언어의 의미 내용을 한데 묶어 나타내는 문자를 말하고, 표의 문자는 중국의 한자와 같이 단어의 뜻을 다소 상징적인 방법의 기호로 표시한 문자를 말하며, 표음 문자는 우리의 훈민정음이나 알파벳 문자와 같이 단어의 요소나 소리를 추상적인 기호로 나타내는 문자를 말한다. 이 중에서 표음 문자는 크게 음절 문자와 음소 문자로 나뉜다.

음절 문자(syllabic letter)는 글자 하나하나가 뜻과 관계없이 소리(음절)로 이루어진 문자 체계이다. 음절 문자는 대개 표의 문자의 표의성을 버리고 표음성만이 살아남은 결과로 생겨난 것인데, 대표적인 음절 문자는 일본의 가나(假名)이다. 중국의 한자가 가지고 있는 음절 문자적 성격에서 그 소리만을 취하여 순수한 음절 문자 체계로 발전시킨 것이라고 볼 수 있다. 예를 들어 일본 문자 か, き, く, け, こ는 각각 ka, ki, ku, ke, ko 음을 표시하는 문자인데, 첫소리가 모두 같은 [k]임에도 불구하고 문자상으로 전혀 서로 간의 공통점을 지니고 있지 않다. 설형 문자(楔形文字) 또한 음절 문자적인 성격을 지니고 있다.

음소 문자(phonemic letter)는 글자 하나하나가 지시하는 음의 단위가 음소인 문자 체계를 말한다. 음절 문자보다 표음성이 더 뛰어나다. 셈어와 같이 음소 문자에는 자음만을 보여주는 문자가 있는가 하면, 자음과 모음을 다 같이 표시하되 자음이 기초가 되고 모음은 단지 부가적 기호로 쓰이는 문자인 인도 문자가 있고, 자음과 모음을 동등하게 취급하는 문자인 우리 한글(훈민정음)과, 로마자 등이 있다. 가장 발달된 형태의 문자로 가장 작은 언어 단위를 대표하는 문자이기도 하다.

특히 우리 한글은 ㄱ, ㅋ, ㄲ과 같이 같은 계열의 문자가 그 자형의 공통점을 가지고 있어서 시각적으로도 대단히 효율적인 문자라 할 수 있다. 위의 아음 [k], [kh], [kk]에서 볼 수 있듯이 모두 [k] 'ㄱ'을 그 자형에 가지고 있어서 같은 계열의 문자라는 사실을 쉽게 확인할 수 있다. 그래서 한글과 같은 문자를 표음 문자, 음소 문자 중에서 가장 뛰어나다고 하여 음운자질 문자라는 평가를 내리기도 한다.

따라서 우리 고유의 문자인 훈민정음은 당연히 세계 최고 문자라 아니 할 수 없다. 그 문자의 제자 원리도 물론 원본『훈민정음』에 정확히 기술되어 있는 바, 자음은 발음 기관을 상형하여 기본자가 형성되었고, 나머지 글자는 소리에 따라 획을 더하는 방식으로 만들어졌다. 그리고 모음은 하늘(天), 땅(地), 사람(人)이라는 동양 역철학의 삼재(三才)를 상형하여 기본자가 형성되었고 나머지 모음자는 그 세 글자의 결합을 통해서 이루어졌다.

우리의 문자가 만들어진 원리를 탐색하게 되면, 그것은 단순한 문자의 창조 차원을 넘어서 형이상학과 형이하학의 만남이라고 아니할 수 없다. 자음은 발음 기관을 본떴으니 자연 과학적이고, 모음은 우주 자연과 인간의 문제와 결부하여 만들어냈으니 인문 과학적이라고 할 수 있다. 특히 원본『훈민정음』 책 전체에 흐르는 역철학에서는 우리의 문자도 우주의 오행, 오음, 사시, 사방과 어울려 흐트러짐이 없음을 강조하고 있으며, 인간이 만들어낸 문자가 곧 우주의 섭리에 지배를 받는다는 대단히 고차원적 인식론을 제공해 주고 있다.

이러한 훈민정음은 비단 이제 우리의 것, 과거의 것만이 아니다. 세계의 문화유산이며, 그 활용과 쓰임은 여러 면에서 다양할 수 있기 때문이다. 그 실현 가능성이 희박하기는 하나, 우선 국제 음성 기호로서의 역할을 충분히 해 낼 수 있는 쓰임이 그 하나이다. 천하의 '성음(聲音)'을 다 표기할 수 있다고 한 선인들의 언급이 결코 과장이 아니다. 최근 동남아의 신생 독립국에서 우리의 문자를 표기 수단으로 삼고자 한다는 뉴스를 접하면서 그 가능성이 국부적으로 실현될 조짐이다. 따라서 과거에 비추어 보아도 훈민정음이 창제 당시에 운서의 한자음을 표기하는 전사 기호로 쓰인 것은 당시로서는 당연한 것이었고, 그러한 기능이 현대와 와서도 불가능한 것은 아니다.

그리고 또 다른 하나는 현대 디지털 문명과 관련된 것이다. 한자가 가지고 있는 한계를 뛰어넘는 장점 때문에 컴퓨터에서도 그 구현이 이로울 뿐만이 아니라, 최근 급속도로 번져가는 휴대폰 문자 서비스에서도 자음의 획 추가라든가, 기본 세 자를 이용한 모음의 완벽한 구현은 과거의 제자 원리를 현대 디지털 문명에 접목시킨 것으로 문자 자체의 과학적 특성에 기인한 것이었다. 민족 문화의 또 다른 계승이자 발전이라고 할 수 있을 것이다.

03 | 훈민정음과 한글

(1) 훈민정음과 『훈민정음』의 역사적 탄생

훈민정음은 15세기에 탄생한 우리 고유의 문자다. 우리 고유의 문자라 하는 것은 그 이전에 그러한 문자가 존재하지 않았다는 것을 의미하며, 그 이전의 문자 생활이란 불완전한 한자 문화권 속에서의 몸부림이었다. 그 몸부림의 소산은 외국 문자로서 한자를 받아들여 그것을 우리의 문화적 축적의 산물로 만들어낸 차자 표기일 것이다. 그러나 한문을 써 왔든 아니면 차자 표기로 우리의 문자 생활을 지속해 왔든지 간에 훈민정음 창제 이전의 문자 생활이란 곧 한자로 대변되는 언어 권위관에 짓눌린 역사였다고 해도 과언이 아닐 것이다. 이러한 문자 생활을 통해 우리는 그 나름의 사상과 감정을 표현하기에 이르렀지만, 그 한계는 명백한 것이었다. 그러나 고유 문자가 필요하다는 인식, 그리고 역사적 필연성, 문자 발생의 문화적 축적은 결국 우리에게 소중한 고유 문자인 훈민정음을 가져다주었다. 그것은 우리 국어사 및 국어학사에서 새로운 패러다임을 형성하는 중요한 역사적 사건이자, 문화적 혁명이다.

이러한 훈민정음은 1443년(계해년) 음력 12월에 세종에 의해 창제되었다. 창제 주체를 놓고 한동안 의견이 분분한 때가 있었다. 즉 세종이 직접 창제를 한 것이 아니라 집현전의 여러 학자들이 이루어낸 신문자 창제를 왕에 대한 예우 차원에서 세종의 업적으로 기록했다는 견해가 세종 친제설에 대한 반론이었다. 그러나 당시에 문자 창제와 관련하여 많은 반대가 있었다는 점에서 세종 자신이 직접 하지 않은 일을 세종의 업적으로 기록하기란 어려웠을 것이다. 그리고 세종이 그러한 문자 창제의 주체이고, 그 과정을 주도한 인물이라는 면을 쉽게 부각할 수는 없었을 것이다. 따라서 '세종 친제설'이 정당한 것은 그가 가진 언어학적 탁견이 무시될 수 없다는 점에 기인한 측면도 있지만, 여러 기록에 비추어 볼 때 그가 품고 있었던 문자 창제의 강한 의지를 간과할 수 없는 점 때문이기도 하다.

그리고 3년이 지난 후, 1446년 음력 9월에6) 『훈민정음』이 간행되었다. 이 문헌은 신문자 훈민정음의 해설서로서 집현전의 학자들의 공동 연구에 의해 세상에 빛을 보게 된 소중한 문헌이다. 그러나 그 원본이 1940년 발견되기 전까지는 훈민정음 기원에 대한 많은 억측들이 난무했으나, 원본이 발견된 후 그 논란의 종지부를 찍게 되었다. 아래의 내용은 원본 『훈민정음』 발견 경위에 대하여 정확하게 최초로 언급한 글로 판단되기에 「국어국문학」 9호에 실린 그 전체 원문을 그대로 여기에 옮긴다.

---

6) 원본 『훈민정음』의 말미 정인지 후서를 보면 '正統十一年九月上澣'이라 되어 있어 그 간행 연도가 곧 1446년임을 알 수가 있다.

여기서 말씀 드리려는 「原本 訓民正音」은 이미 崔鉉培님이 "한글갈"을 통하려 발표하신 全鎣弼本을 이름니다. 이 原本 訓民正音이 全鎣弼님 手中에 넘어갈 때까지의 保存 經緯를 밝히고자 합니다.

崔鉉培님의 "한글갈"에 보면 原本 訓民正音이 慶北 義城 某古家의 집에서 나왔다고 적혀 있는데 그런 것이 아니라 事實은 慶北 安東郡 臥龍面 周下洞 李漢杰님 宅의 家寶였습니다. 이 어른은 號 後村(西紀 1880~1950) 本貫 眞城 退溪의 宗派이며 일찍 先祖께서 女眞征伐의 功이 있어 世宗大王으로부터 賞을 받아 (단 한卷) 늘 궤中에 감추어 世傳家寶로 남겨 오다가 燕山君 때 諺文冊 所持者를 嚴罰할 때 生命을 유지하기 위하여 不得已 첫 머리 두 장을 뜯어 버리고 돌돌 말아서 書笈에 秘藏했던 것입니다.

後村 李漢杰先生은 林下名儒로서 安東一圓 뿐 아니라 嶺南 一帶에까지 名譽가 孜孜한 분으로서 抗敵 志操와 그의 排日 教育熱은 단단하였다. 先生의 長男에 容規(裡里農大 國語講師로 在職中 病死 柳님의 紹介) 二男 容薰(慶北 安東師範校 在職中), 三男 容準等 세 子弟가 있었으며 三男 되는 李容準님은 서울 經學院 (成大 前身)에서 공부하였는데, 當時 成大 助教授 金某의 가장 寵愛하는 弟子였읍니다. 그 當時 全鎣弼님은 家産이 넉넉하여 金某를 시켜서 貴重한 책이면 값의 高下를 不問하고 모조리 사들이게 하였읍니다. 이 때 李容準님은 그의 가장 尊敬하는 스승 金某에게 師事하는 가운데 自己 故鄕 安東에 訓民正音이라는 책이 있다는 것을 이야기하자, 金某는 곧 全鎣弼님으로부터 많은 돈을 얻어 가지고 당장에 안동으로 내려와서 現物을 보게 되었읍니다. 그런데 原本 訓民正音의 現品은 意外에도 表紙부터 첫 머리 두 장이 毀損되어 있어졌으므로 不得已 世宗實錄 本에 原本을 記憶해가면서 漢紙를 끊어 써 넣어 깁기로 하였읍니다. 기우려 해보니 암만해도 古色蒼然한 原本과는 差異가 많음을 느끼어 드디어 이 漢紙를 소죽 솥에 삶아 누른 빛을 내어서 原本과 비슷하게 裁斷하여 꿰어며고 李容準님(鮮展에 入選한 書藝家)으로 하여금 原本 書體와 비슷하게 書寫시

컸다. 原本은 軟美 整齊한 書風으로 一家를 이루우신 安平大君의 글씨가 分明하며 李容準님은 安平大君體에 造詣가 있었으므로 글씨 自體로 봐서는 거의 다름이 없었으나 아무리하여도 기운 데는 宛然히 달라 보였고 特히 意外의 誤字 一字는 다름 아니라, 序文 末尾에 "便於日用耳"라 한 것을 "便於日用矣"라고 곧 耳를 矣로 쓴 것이 큰 瘤가 아닐 수 없었읍니다(勿論, 이 誤字는 뒷날 알게 된 것임).

이와 같이 하느라고 이 집에 오래 묵은 金某는 斯學界의 研究資料로 이 책을 서울로 가져 가기로 許諾을 請하였다. 이에 後村先生은 所願을 承諾하고 同時에 五百餘年 傳해오던 國寶 原本 訓民正音은 金某 手中으로(結局 全鎣弼님) 永渡ㅎ게 되었읍니다. 이에 金某는 서슴지 않고 一金 三千圓을(1940년) 謝禮金으로 冊主 後村先生에게 치르게 되었읍니다. 金某는 結局 이 책을 所願대로 購入하여 還京하여 全鎣弼님에게 전해 주고 이 소문을 만나는 사람마다 하게 되어 當時 朝鮮語學會 會員을 비롯하여 이 책에 關心을 가진 이는 그 책을 보고 싶었던 것은 말할 것도 없었읍니다. 이에 全鎣弼님은 愛藝한 이 책을 及其也 公開하게 되어 모든 實物을 보게 되었고 그 가운데 崔鉉培님 같은 이는 쉽사리 卷頭 補修한 것을 辨別하셨을 뿐 아니라 耳를 矣로 誤書한 것까지 다 아시게 되었으며 더운 解放後 國語講習會 席上에서 말씀하시기를 後村先生의 德澤으로 原本 訓民正音이 傳하게 됨은 實로 感慨無量하다고 所懷를 披瀝하셨읍니다. 그런데 義城 某 古家로 訛傳(崔先生님은 뒤에 아시게 되었으나) 된 것은 原 冊主인 後村先生이 不尠한 謝禮金을 받고 世傳家寶를 남의 손에 넘겼다는 것이 不名譽스러워 金某에게 故意로 부탁한 所以가 있었읍니다.

이에 國寶 原本 訓民正音의 保存 經緯를 널리 아뢰어 後村先生의 文化愛를 기리고자 합니다.(筆者는 一般會員·慶北 安東 高校 敎師)

이렇게 발견된 『훈민정음』은 지금도 성북구 소재 간송 미술관에 원본 『훈민정음』이 소장되어 있는데, 이 『훈민정음』은 이제 우리의 소중한 문화유산이

되어 국보 70호로 지정되었고, 1997년 10월 유네스코 지정 세계 기록 유산으로 등재되어 세계적인 문화 축적물로 그 가치를 인정받게 되었다.

이 원본의 발견 이후 훈민정음과 원본『훈민정음』의 연구는 우리말로 그 번역이 이루어지면서 학계에서 그 가치와 역사적 의의가 활발하게 논의되었고, 세종을 포함하여 15세기 정음 음운학파로 명명될 수 있는 집현전 학사들의 탁월한 언어학적 식견은 지금도 여러 부분 한국어 연구자들에게 인용되고 재해석되고 있다. 그리고 외국의 언어학자들도 이 문헌의 가치를 알고 그에 대한 연구와 번역을[7] 하고 있다.

이제 여기서 우리는 훈민정음의 명칭을 대체로 두 가지 개념으로 이해하여야 할 것이다. 그 하나는 문자 명칭으로서의 훈민정음이요, 다른 하나는 문헌으로서의『훈민정음』이다. 전자의 경우는 줄여서 '정음'이라고 일컫기도 했으며, 창제 당시나 그 이후 조선 후기에는 '언문' 혹은 '반절' 등의 명칭으로 불리기도 했다. 후자의 경우는 한문본과 국역본이 있는 바, 한문본을 원본『훈민정음』혹은『훈민정음』<해례본>이라 칭할 수 있고, 국역본은 예의편만이 번역된 한글본이므로『훈민정음』<언해본>이라고 부를 수 있을 것이다. 그리하여 문자로서의 훈민정음이 주로 국어사의 대상으로 인식되는 개념이자 명칭이라면, 문헌으로서의『훈민정음』은 주로 한국어학사에서 논의될 대상이다.

---

7) 아래의 내용은 Gari K. Ledyard(1998)의『The Korean Language Reform of 1446』에서 발췌한『훈민정음』어제 서문의 영역이다. The Correct Sound for the Instruction of the People / The sound of our country's language are different from those of the Middle Kingdom and are not smoothly adaptable to those of Chinese characters. There, among the simple people, there are many who have something they wish to put into words but are never able to express their feelings. I am distressed but this, and have newly designed twenty-eight letters. I desire only that everyone practice them at their leisure and make them convenient for daily use.

(2) 한글 명칭과 그 위상 변천

'한글'이라는 표현은 1913년 3월 23일에 처음으로 나타나며 현재까지 가장 보편적이고 공식적으로 쓰이는 우리글의 명칭이다. 고영근(1994)에서는 <한글모 죽보기>를 통해서 다음과 같이 밝히고 있다.

四二四六年 三月二十三日(日曜)下午一時 臨時總會를 私立普成學校內에 開하고 臨時會長 周時經先生이 昇席하다 … 本會의 名稱을 '한글모'라 改稱하고……

이는 '배달말글몯음'으로 불리던 조선어문회의 창립총회의 전말을 기록한 것으로 '배달말글'이 '한글'로 바뀌었음을 알 수 있다. 이전까지는 金敏洙(1977)에서 밝힌 바와 같이 '한글'이라는 표현이 처음으로 보이는 것은 <아이들보이>지(1913. 9. 창간)의 '한글풀이'란이라고 했으나 6개월을 앞당긴 표현의 실체가 고영근(1994)에서 제시된 것이다. 그는 '한글'도 '한나라글'에서 '나라'를 빼고 만든 것이 틀림없다고 보았으며 '배달말글'에서 '한글'로 바꾼 이유를 음절이 짧아지는 발음의 경제성과 아울러 '한글'의 '한'은 멀리 '三韓'의 '韓'에서 가깝게는 '대한제국'의[8] '韓'까지를 연상시킬 수 있다는 점에서 '한말'에서 썼던 '한'을 다시 취한 것으로 바라보았다. 그리고 '한글'에서 '글'만으로도 우리의 말과 문자 언어 모두를 포괄할 수 있다는 점에서 당시에 '한글'이라는 우리말글의 명칭을 선택했다고 언급하였다.

---

8) 다만 대한제국이라는 국호가 오히려 우리나라의 영역을 한반도에 국한하려는 의도에서 정해진 이름이라는 주장도 제기되어 그로 인해서 '한글'의 '한'도 '三韓'의 '韓'이기 때문에 태생적으로 그렇게 주체적이지 못한 명칭이라는 점에서 북한에서 사용하지 않는다 하니 이 점 역시 곰곰이 생각해 볼 일이다.

그러나 이글에서는 고영근(1994)의 견해를 수긍하면서도 다른 각도에서 생각해 보고자 한다. 그 전제는 최현배(1961)에서 제시한 '한글'의 '한'에 주목할 필요가 있다고 생각한다. 그는 '한글'의 '한'을 '韓'이라는 의미 말고도 '一, 大, 正'을 의미한다고 하였다. 그렇다면 '한글'의 '한'은 '단일(一)민족'의 말, '위대(大)한' 말, 그리고 또 다른 역사적 맥락에서 '훈민정음'과 관련하여 '정(正)한 말'로도 해석이 가능하다고 본다. 따라서 '한'의 정확한 어원이 명시적으로 그러나지 않는 이상, '한글'의 의미는 그것이 본래적이든 아니면 후대에 결과적으로 부여한 의미이든지 간에 '글'이라는 표현이 말과 문자 언어를 모두 포괄하듯이 '한'의 다양한 의미를 고려하여 파악되어야 할 것이다. 그렇다면 그것은 '한말'의 경우도 마찬가지가 되며 이렇게 다양한 의미를 함께 가진 '한글'이라는 명칭은 제한된 의미밖에 갖지 못하는 '한말'보다 더 나은 표현이라고 주시경이 판단했으리라 생각한다.

'한글' 표현은 그 이후 주시경의 후학이었던 김두봉과 이규영에 의해 사용되기는 하였으나 우리의 글을 긍정적으로 바라보지 않았던 일제 시대가 더욱 공고히 되어 가면서 우리말글은 '조선어', '조선글', '조선어문'이라는 표현으로 대체되어 간다. 따라서 '조선어', '조선글', '조선어문'과 같은 표현은 지금 북한에서도 사용하고 있는 우리말글의 명칭이기는 하나 일제 시대에 일본의 입장에서 볼 때는 식민지의 지역 언어의 성격을 띠고 있는 국부적 명칭 혹은 '방언'의 의미로도 이해할 수 있겠다.

일제 시대 말기에 '조선어'라는 명칭으로 주로 쓰이던 우리말은 해방이 되면서 '朝鮮語學會'가 '한글학회'로 바뀐 것에서 할 수 있듯이 '한글'이라는 본래의 명칭을 완전히 회복하였다. 그렇게 되면서 새로운 국가의 수립과 맞물려

'국어'라는 명칭이 근대 계몽기 이후에 사라졌다가 역시 다시 등장하였다. 그러나 분단의 아픔을 맛보게 된 우리는 50여 년 동안 남한과 북한의 이념적 차이와 그에 수반하는 언어의 차이를 경험하게 되면서 우리말글의 명칭까지도 서로 달리 부르게 되었다.

북한에서는 '한글'이나 '국어'라는 말 대신에 '조선문자, 조선글' 혹은 '조선말'이라는 표현으로 우리말글을 부르고 있다. 물론 북한에서 널리 일반화되어 있는 '조선문자, 조선글' 혹은 '조선말'이라는 명칭은 일제 시대에 사용된 '조선문자, 조선글'나 '조선어, 조선말'과는 사용 의도에서나 혹은 내포적 의미에서나 그 차이를 보인다고 생각한다. 일제 시대에 사용된 그 명칭은 위에서 언급하였거니와 북한에서는 다른 의미로 '조선어' 혹은 '조선말'이라는 표현을 사용한다. 그것은 북한의 조선말 대사전(1992 : 237)에서 '조선'이라는 단어를 어떻게 정의하고 있는가와 관련을 맺고 있다. 그 정의를 보도록 하자.

> **조선^2** : 맑은 아침의 나라라는 뜻으로 예로부터 ≪우리나라≫를 이르는 말.

이 정의를 살펴보면 남한의 사전의 정의와 사뭇 다름을 알 수 있다. '조선'에 대한 북한의 정의에서는 '조선'이라는 단어의 한자 뜻에 주목하여 먼저 '맑은 아침의 나라'라고 전제하고 '이씨 조선'에 국한하여 '조선'이라는 개념을 파악하지 않고 있음을 알 수 있다. 오히려 과거의 우리나라 모두를 '조선'이라는 개념 속에 아우르고 있다. 이러한 관점에서 북한은 남한도 '남조선'이라는 명칭으로 부르고 스스로를 '북조선'이라는 명칭으로 일컫는다. 이것으로 볼 때 북한이 인식하고 있는 '조선어, 조선말'은 일제 시대에 주로 일본의 입장에서 바라본 명칭과는 그 내포적 의미가 분명히 다르다. 아래의 표현은 북한의 우리말글의 명칭에 대한 인식의 한 단면을 여실히 보여주는 정의이다.

> **조선말** : 아득한 옛날부터 조선 인민이 써내려오면서 발전시켜온 민족어.
>   ……
> **조선어** : = 조선말.

이 표현은 북한에서 우리가 사용하는 '한국어'나 '한국말'과 같은 대외적인 개념의 명칭으로도 불린다. 남한에서는 대내적인 명칭으로 '한국어' 혹은 '한국말'이라고 하지만 북한에서는 '조선어'와 '조선말'이 대내와 대외에서 함께 사용하고 있음을 알 수 있다.

어느 명칭이 더 옳고 그렇지 않은가 하는 문제를 접어두고라도 동시대를 살아가는 입장에서 서로 다른 명칭으로 우리말글을 표현하는 것은 실로 안타까운 일이 아닐 수 없다. 그러나 그것이 또한 남북한의 국어 의식의 한 단면을 부여주는 것이므로 통일을 대비하여 어떻게 우리말과 글을 불러야 하는지 고민해 볼 일이다.9)

---

9) 최근 김민수(2003), 이상혁(2009)에서는 남한의 한국어와 북한의 조선어를 통합할 수 있는 고유 명사로 '우리말(Urimal)' 혹은 '우리글(Urigeul)'을 제안한 바 있다. 북쪽에서도 호의적이라는 점에서 그 명칭을 통일 이후의 단일 명칭으로 진지하게 고민해 볼 필요가 있을 것이다.

1 디지털 한글박물관(http://www.hangeulmuseum.org/)을 찾아 검색해 보고, 이 온라인 박물관에서 제공하고 있는 한글에 대한 다양한 정보를 정리해서 말해 보자.

2 남북의 한글날은 왜 다른지 아래 자료를 읽고 600자 내외로 요약해 보자.

남북한의 한글날은 왜 다를까?

10월 9일. 1991년부터 이 날은 법이 정한 공휴일에서 제외되었다. 공휴일이 너무 많아 경제 발전에 지장을 준다는 이유로 한글날은 국군의 날과 함께 공휴일에서 제외되었다. 그래서일까? 이제는 10월 9일이 한글날인지도 모르고 지나가는 사람들이 꽤 많아진 것은 분명하다. 그리고 왜 하필 10월 9일이 한글날인지 그 역사와 기원에 대해서 아는 사람도 그리 많지 않다. 또한 북한의 한글날이 과연 언제인지 이 사실을 아는 사람도 거의 없을 것이다. 여기서는 남한과 북한이 서로 한글날이 다르다는 점, 그리고 서로 다른 날을 한글날로 잡은 이유 등을 설명하려고 한다.

누구나 잘 알고 있듯이 우리는 10월 9일을 '한글날'로 기념하고 있다. 그러나 북한은 1월 15일을 '훈민정음 창제일'이라는 이름으로 기념하고 있다. 우리는 '한글날', 북한은 '훈민정음 창제일'로 달리 부르고 있다. 훈민정음은 한글의 옛 이름인데 우리는 현재의 이름인 '한글' 주목하여 그 기념일 명칭을 붙였고, 북한은 당시의 새로운 문자 명칭인 '훈민정음'에 초점을 맞춰 '훈민정음 창제일'이라고 그 명칭을 정한 것이다.

남북한 모두 각각 그 이유가 있는데, 대한민국의 경우는 훈민정음 반포일(세종28년 음력 9월 상순, 1446년 10월 9일)을 기준으로 '한글날'을 정해 기념해 오고 있다. 반면에 북한은 훈민정음 문자 창제일(세종 25년 음력 12월, 1444년

1월15일)을 기념일로 정해 놓고 있다. 남북한의 '한글날'이 이렇게 차이가 나기 때문에 우리가 1월 15일을 별 의미 없이 보내듯이 북한에서도 10월 9일은 별다른 의미 없이 지나가 버린다.

한글날을 처음으로 기념한 해는 1926년이었다. 한글 반포 8회갑, 즉 480돌을 맞이하여 당시 조선어연구회(현재 한글학회의 이전 이름)가 주축이 되어 수많은 사람들이 참석하여 한글날 기념식이 성대하게 열렸다고 한다. 그런데 당시는 10월 9일이 아닌 11월 4일날 그 기념식이 거행되었고, 그 연유는 음력 9월에 『훈민정음』(해례본)이 책자로 완성되었다는 실록의 기록을 근거로 한 것이었다. 따라서 음력 9월 29일을 반포한 날로 가정하고 '가갸날'이라는 이름으로 기념식이 거행된 것이다. 당시에 한글을 배울 때 '가갸거겨' 하면서 배웠기 때문에 '가갸날'이라고 한 것이다. 당시는 아직 '한글' 이라는 용어가 널리 퍼지기 전이었다. 그러나 1930년대 이후 양력을 쓰는 일이 보편화되고, '가갸날'이 매년 바뀌는 것에 대한 번거로움 때문에 1446년 음력 9월 29일을 양력으로 환산해 그 후에 10월 29일, 혹은 10월 28일 등으로 혼란을 거듭한 후, 1934년부터는 양력 10월 28일에 한글날 기념식을 갖게 되었다.

그런데 1940년 7월에 『훈민정음』(해례본)이 안동에서 발견되고, 그 문헌 속(정인지 서문)에서 훈민정음 반포일이 음력 9월 상한(지금의 상순)이라고 명백히 기록된 사실이 밝혀지면서 1945년 해방 후부터는 그것을 양력으로 환산해 우리는 10월 9일로 한글날을 기념하게 되었던 것이다. 요컨대 현재 남한의 10월 9일은 『훈민정음』(해례본)의 책의 원고가 마무리돼 완성된 날이자 반포일인 셈이다.

　그러나 북한에서는 해방 후 훈민정음이라는 문자가 만들어진 날을 한글날로 삼아야 한다는 주장이 제기된 듯, 문자가 만들어진 1443년 음력 12월에 초점을 맞춰 그것을 양력으로 환산해 1월 9일을 한글날로 제정하였다. 그러다가 1963년 뚜렷한 이유 없이 1월 15일로 변경하여 현재에 이르고 있다.

　결국 현재는 남한과 북한이 서로 다른 한글날을 기념하고 있는 셈이다. 남북한이 분단도 안타까운 일인데 서로 한글날이 다르다는 것도 아주 기쁜 일은 아니다. 통일이 되기를 간절히 바라는 입장에서 통일된 한글날은 언제가 되어야 하는지 이 시점에서 다시 생각해 보아야 한다. 일찍이 어느 원로 학자는 이런 점을 논문을 통해 밝힌 바 있고, 이 글에서도 그 문제를 함께 생각해 보고자 하는 마음에서, 그리고 앞으로 통일 조국에서 살아야 할 우리가 아주 작은 것이라도 함께 알고 공유하자는 의미에서 이렇게 한글날의 실상이 다른 현실을 되짚어 보았다.

　여러분은 과연 진정한 한글날은 언제가 되어야 한다고 생각하는가? 문자를 창제한 날이 진정한 한글날이 되어야 하는가? 아니면 문자를 해설한 책이 출간되어 완성되고 널리 세상에 알려진 날이 진정한 한글날이 되어야 하는가? 이 문제를 바라보는 생각이 사람마다 서로 다를 것이다. 다만 남북한이 서로 머리를 맞대고 이러한 문제도 함께 협의하여 하나로 합의해 나갈 때, 좀 거창할지는 모르나, 남북통일의 바탕은 하나하나 마련된다는 점을 밝히고 싶은 심정뿐이다.

　　기쁜 일은 지난 2005년 국회에서는 한글날을 다시 국경일로 승격시키는 "국경일에 관한 법률 개정안"이 통과되었다는 점이다. 국회 문화관광위원회는 2005년 10월 5일 '한글날 국경일 지정 촉구 결의문'을 만장일치로 채택했다. 국회 행정자치위원회는 2005년 11월 30일 법안 심사 소위를 열어 한글날을 국경일로 승격시키는 내용의 '국경일에 관한 법률 개정안'을 통과시켰다. 이 개정안은 2005년 12월 8일 국회 본회의에서 통과되었다.

　　국어국문학자의 입장에선 우선 아주 잘한 일이다. 아니 한글 관계자인 온 국민의 입장에서도 두 손을 들고 환영할 일이다. 1991년 법이 정한 공휴일 및 국경일에서 제외되었다고 다시 국경일로 회복되었다니 참으로 반가운 일이다. 그리고 이 기회를 통해 남북한의 한글날이 다르다는 사실을 알고 그것을 어떻게 통일하면 좋을지 생각해 보는 시간을 갖는 건 어떨까?

4. 한국어에도 법이 있다 ;

한글 맞춤법

외국인이 한국어로 글쓰기를 하기 위한 가장 기본은 한글 맞춤법을 이해하는 것이다. 한국어를 배우는 과정에서 알게 모르게 익히고 배우는 것이 한글 맞춤법이다. 그런데 이 어문규정은 어느 날 단박에 이루어진 표기법이 아니다. 5~600년에 걸쳐 다듬어지고 규범화된 것이다. 이 맞춤법은 한국어 쓰기의 정서법이자 철자법이다. 한국어를 처음 배우는 외국인의 한국어 학습뿐만이 아니라 학문 목적 한국어 쓰기를 위해서도 가장 필수적으로 요구되는 것이다. 따라서 그 역사와 흐름을 이해하는 것은 한국어 문화를 이해하는 지름길이 된다.

01 | 한글 맞춤법의 역사

한글 맞춤법은 현대 한국어가 정착돼 가던 1933년 <한글마춤법통일안>의 제정으로 체계화되고 규범화되었다 그러나 전통적인 한국어(조선어)는 세종대왕이 훈민정음을 창제한 이래 오랜 세월을 거치면서 여러 번 그 변화를 겪었다.

훈민정음이 창제된 후에도 한자를 이용한 이두와 구결 따위의 표기가 여전히 존재하기는 했으나, 훈민정음을 바탕으로 한 표기가 19세기까지 확산되는 과정이었다. 그런 의미에서 한글 맞춤법의 역사는 한글이 문자로서 그 기능을 담당한 15세기부터 살펴보는 것이 더 의의가 있다고 할 수 있다. 따라서 20세기 이전의 한글 맞춤법도 개괄적으로 설명하면서 외국인에게 맞춤법은 어떤 의미로 다가오는지 알아보고자 한다.

(1) 전통적인 한국어 맞춤법

세종 25년(1443) 12월 훈민정음의 창제는 당시 한국어의 전면적인 표기를 가능케 했던 사건이었다. 당시의 맞춤법은 창제 당시 <훈민정음해례>(1446)이라는 한글 해설서의 설명이나 기타 다른 문헌의 표기를 통해서 짐작해 볼 수 있다. 오늘날처럼 체계화되고 규범화된 성문화된 규범이 명백히 존재했다고 볼 수는 없으나, 표기 원칙이 어느 정도 있었다고 볼 수 있을 것이다.

15세기 훈민정음이 창제된 당시의 지배적인 맞춤법의 원칙은 '표음주의'였다. 한글의 표음성에 주목하고 한국어를 소리 나는 대로 적는 맞춤법이었다. 현대 한국어의 '형태주의' + '표음주의'와는 달랐고 그로 인하여 현대 한국인 및 외국인이 당시 표기에 익숙하지 않은 것은 너무도 당연한 일이다.

예컨대, 한국어는 뒤 음절이 모음으로 시작되면 앞 절의 받침이 뒤 음절의 초성으로 발음되는 연음(連音, 닿소리 이어나기)현상이 있다. 이 경우 당시에는 이 연음 현상을 존중하여 '구름 + 이'의 표기가 현대 한국어처럼 '구름이'가 아닌 '구르미'의 표기 형태가 자주 등장한다. 현대 한국어에서 이렇게 적게 되면 맞춤법을 어긴 셈이 되지만, 당시에는 이러한 표음주의적 표기가 문헌 곳곳에 등장한다. 맞춤법을 처음 익히는 아이들이나 외국인의 입장에서 보면 이러한 표기가 훨씬 쉽다. 조선 후기로 오면서 다소 혼란스러운 표기가 등장하기도 하지만, 15세기 한국어 표기는 연음에 따른 연철 표기가 대세였다.

다만 조선 후기부터는 혼철 및 분철 표기의 흔적들이 등장하면서 표음주의 중심의 맞춤법이 흔들리기 시작했다. 연철(이어적기)에서 끊어적기(분철)로 표기법이 변해 가는 모습도 일부 문헌에서 발견이 되기 시작했다. '곧을, 뜯이면, 눈을, 뿍으로' 등의 표기가 17세기 문헌 표기에서 등장하는 것이 좋은 예이다.

또한 받침으로 적는 자음을 8개로 정해 놓고 표기하도록 하는 규정도 있었다. 이 역시도 현대 한국어와는 다른 표기법으로 당시 대부분의 문헌에서 이러한 표기 양상이 드러난다. 초성에 사용된 자음이 종성에 다시 쓸 수 있으나, 쓸 수 있는 받침을 8개로 한정하고 표기하도록 함으로써 이 역시도 대체로 발음 나는 대로 적는 방법이었다. 현대 한국어의 발음 표기도 이와 유사한데, 현대 한국어에서도 발음 표기는 ㄱ, ㄴ, ㄷ, ㄹ, ㅁ, ㅂ, ㅇ 등의 7개의 받침으로 한정하고 있다.

한편 전통적 한국어 표기에서는 띄어쓰기와 문장 부호가 없었다는 점도 현대 한국어 표기와는 다른 점이다. 19세기까지 띄어쓰기와 문장 부호가 사용되지 않았으며, 그것의 등장은 20세기 이후의 일로써 일본과 서구의 언어 유입과 연관이 있는 것으로 짐작된다. 옛 문헌의 표기를 외국인이 이해하기 어려운 것은 낯선 표기 자체의 어려움도 있겠으나, 띄어쓰기와 문장 부호 사용이 없었기 때문이기도 하다.

(2) 근대계몽기와 일제 시대의 맞춤법

근대계몽기에 들면서 맞춤법은 '국문'에 대한 관심과 아울러 새롭게 등장했
다. 그러나 체계적이고 규범적인 표기법은 아직 마련되어 있지 않았으므로 혼
란은 계속되었다. 그러나 갑오경장과 함께 국문에 대한 의식이 점차 고조되면
서 구체적인 국문 표기법을 마련하고자 하는 노력이 있었다. 우선 이 시기는
전통적인 국한문식 표기 방식이 흔들리고 국문 표기로 바뀌고자 하는 움직임이
있었다. 「독립신문」(1896)처럼 실제 순국문 표기를 사용하기도 한 것에서 그 예
를 볼 수 있다.

그러나 현실적으로는 당시의 입장에서 순국문의 국문전용론보다는 국한문
표기가 여전히 우세한 시기였다. 그 와중에 주시경은 받침을 확대하여 형태의 원
형을 밝히는 형태주의적 표기법을 주장하기도 했다. 이것과 더불어 <국문연구의
정안>(1909)에서 제시한 표기가 대표적이다. 그럼에도 불구하고 여전히 전통적인
받침 제한 규정인 7종성법(또는 8종성법)에서 벗어나지 못하는 분위기였다.

<국문연구 의정안>(1909)은 전통적 표기법을 새로운 방법으로 규정함으로
써, 현대적인 국어 맞춤법의 효시가 되었으며 또한 그 후의 <한글마춤법통일
안>(1933)'이나 오늘날의 <한글 맞춤법>(1988)의 모태가 되었던 것이다. 그러나
이러한 표기법 규범화의 노력은 당시의 정치적 상황 속에서 일본에 나라를 빼
앗기면서 시행되지 못하고 말았다.

근대계몽기의 표기법 문제가 실질적으로는 아무런 해결도 없이 오면서 결국
일제 시대에 그 표기법은 조선총독부에 의해 처음 이루어지게 되었다. 당시에
표기법으로 처음 제정된 것이 <보통학교용 언문철자법>(1912)이었다. 이것은

근대계몽기 보통학교 교과서의 표기법의 혼란함과 교육상의 번잡함 및 불편함을 인지하고 보다 쉽게 맞춤법을 정리하려는 의도였다. 그러나 일제에 의해 이루어진 표기법이었다는 점에서 주체적이지 못한 단점이 있었다. 그러나 '아래 아(·)의 폐기'와 같은 노력은 불가피한 것이었다. 두 번에 걸친 개정 작업이 일제에 의해 주도되었다, 그러나 이러한 개정 작업은 이 규정은 실제로 <한글마춤법통일안>(1933)을 이루는 기본 바탕이 되었다는 점을 부인할 수 없다.

일제 시대에 조선어학회는 당시에 숙원이었던 조선어사전의 편찬에 큰 관심이 있었다. 이를 위해 한글 맞춤법과 표준어, 그리고 외래어 표기법의 제정이 절실하게 되고, 이 과정에서 <한글마춤법통일안>이 만들어지게 되었다. 이 규정은 총론 3항과 각론 7장 65항, 부록으로 되어 있는데 이것은 오늘날 <한글맞춤법>(1988)의 직접적인 바탕이 되었다. 먼저 총론의 규정을 간단히 살펴보기로 한다.

一. 한글 마춤법은 표준말을 그 소리대로 적되, 어법에 맞도록 함으로써 원칙을 삼는다.
二. 표준말은 대체로 현재 중류 사회에서 쓰는 서울말로 한다.
三. 문장의 각 단어는 띄어 쓰되, 토는 그 웃 말에 붙여 쓴다.

이 <한글마춤법통일안>(1933)은 그 후 국어 표기법의 중심이 되면서 몇 차례의 수정이 있었다. 그러나 큰 틀에서는 특별한 변화가 없었고, 해방 후 남쪽에서는 50여 년 동안 여러 가지 현실적인 문제가 생겨 개정의 필요성이 심각하게 제기되었고, 여러 번의 논의와 논란 끝에 <한글 맞춤법>(1988)이 제정되고 오늘날에 이르고 있다.

(3) 현대 〈한글 맞춤법〉(1988)의 정착

〈한글 맞춤법〉은 본문 6장과 57항과 문장 부호에 관한 '부록'으로 구성되어 있다. 여기서는 제1장과 2장을 중심으로 그 중심 내용을 살펴보고자 한다.

제1장 총칙

제1항 한글 맞춤법은 표준어를 소리대로 적되, 어법에 맞도록 함을 원칙으로 한다.

제2항 문장의 각 단어는 띄어 씀을 원칙으로 한다.

제3항 외래어는 '외래어 표기법'에 따라 적는다.

제2장 자모

제4항 한글 자모의 수는 스물넉 자로 하고, 그 순서와 이름은 다음과 같이 정한다.

ㄱ(기역)	ㄴ(니은)	ㄷ(디귿)	ㄹ(리을)	ㅁ(미음)	ㅂ(비읍)	ㅅ(시옷)
ㅇ(이응)	ㅈ(지읒)	ㅊ(치읓)	ㅋ(키읔)	ㅌ(티읕)	ㅍ(피읖)	ㅎ(히읗)
ㅏ(아)	ㅑ(야)	ㅓ(어)	ㅕ(여)	ㅗ(오)	ㅛ(요)	ㅜ(우)
ㅠ(유)	ㅡ(으)	ㅣ(이)				

[붙임 1] 위의 자모로써 적을 수 없는 소리는 두 개 이상의 자모를 어울러서 적되, 그 순서와 이름은 다음과 같이 정한다.

ㄲ(쌍기역)	ㄸ(쌍디귿)	ㅃ(쌍비읍)	ㅆ(쌍시옷)	ㅉ(쌍지읒)		
ㅐ(애)	ㅒ(얘)	ㅔ(에)	ㅖ(예)	ㅘ(와)	ㅙ(왜)	ㅚ(외)
ㅝ(워)	ㅞ(웨)	ㅟ(위)	ㅢ(의)			

[붙임 2] 사전에 올릴 적의 자모 순서는 다음과 같이 정한다.

자음 ㄱ ㄲ ㄴ ㄷ ㄸ ㄹ ㅁ ㅂ ㅃ ㅅ ㅆ ㅇ ㅊ ㅈ ㅉ ㅊ ㅋ ㅌ ㅍ ㅎ

모음 ㅏ ㅐ ㅑ ㅒ ㅓ ㅔ ㅕ ㅖ ㅗ ㅘ ㅙ ㅚ ㅛ ㅜ ㅝ ㅞ ㅟ ㅠ ㅡ ㅢ ㅣ

제3장 소리에 관한 것

    제1절 된소리   제2절 구개음화   제3절 'ㄷ'소리 받침

    제4절 모음   제5절 두음법칙   제6절 겹쳐 나는 소리

제4장 형태에 관한 것

    제1절 체언과 조사   제2절 어간과 어미   제3절 접미사가 붙어서 된 말

    제4절 합성어 및 접두사가 붙어서 된 말   제5절 준말

제5장 띄어쓰기

    제1절 조사   제2절 의존 명사, 단위를 나타내는 명사 등

    제3절 보조 용언   제4절 고유 명사 및 전문 용어

제6장 그 밖의 것

[부록] 문장 부호

위의 제1장 총칙의 '제1항'은 <한글 맞춤법> 규정의 가장 기본적인 원칙이다. 이것은 크게 대상과 방법으로 나누어 볼 수 있다. 대상은 당연히 전 장에서 살펴본 '표준어'이고 표기 방법은 '소리대로 적되 어법에 맞도록'한다는 것이다. 여기서 표기 대상으로서의 표준어는 이미 전 장에서 살펴본 바 있듯이 <표준어 규정>으로 '표준 발음법'이 함께 반영돼 따로 마련돼 있다.

위에서 표기 방법은 '소리대로'적는 표음주의적(음소주의적) 표기법과 '어법에 맞도록' 적는 형태주의적 표기법이 모두 반영되었다. 여기서 중요한 것은 어법에 맞도록 함을 원칙으로 한다는 것이다. 그렇다면 '형태주의'가 근간이라는 것이다. 그러나 과거부터 전통적으로 적어 왔던 '소리대로 적는' 표음주의적 표

기도 함께 인정하고 있다. 결국 '어법에 맞도록 '형태의 기본형을 밝혀 적도록 하지만 이에 따를 수 없는 경우에는 소리대로 적는다는 절충적 입장의 표기 원칙에 해당한다고 볼 수 있다.

위의 제1장의 '제2항'은 띄어쓰기에 관한 것으로 단어별로 띄어 쓰는 것을 원칙으로 한다는 것이다. 전통적인 규범에서는 없었던 띄어쓰기가 규정돼 있다는 점에 주목할 필요가 있고, 이에 관한 구체적인 규정은 '제5장'에서 마련되어 있다는 점에서 현대 한국어 글쓰기에서 띄어쓰기는 중요한 맞춤법의 내용이라는 점을 기억해야 한다. '제3항'은 한국어 속에 들어 있는 외래어의 현재 한글 표기에 관련되는 것으로 이에 관한 구체적인 규정은 <외래어 표기법>에 마련되어 있음을 밝히고 있다.

따라서 이러한 총칙을 통해 우리는 한국어 <어문규정>의 세 영역을 확인할 수 있다. 아래와 같다.

한국어 어문규정

1. 한글 맞춤법 : 띄어쓰기 포함
2. 표준어 규정 : 표준발음법 포함
3. 외래어 규정 : 들어온 말 적기
* 로마자 표기법 : 이것은 엄밀하게 한국어 어문규정이라고 볼 수는 없으나, 한국어의 인명, 지명 따위의 고유명사를 로마자로 적는 규정이다. 넓은 의미의 한국어 어문규정에 들어간다.

제2장 자모에 관련해서는 남북의 몇 가지 차이를 정리할 필요가 있다. 우선

한국어의 한글 자모 명칭과 관련해 남과 북이 차이가 있다. 위에서 보는 바와 같이 우리 맞춤법에서는 'ㄱ(기역), ㄷ(디귿), ㅅ(시옷)'으로 자모의 명칭을 규정하고 있다. 그러나 이 세 자모의 경우 북한에서는 각각 'ㄱ(기윽), ㄷ(디읃), ㅅ(시읏)'이라는 점이다. 양쪽 모두 타당한 근거를 가지고 있다. 우선 한국의 자모 명칭은 최세진의 <훈몽자회>(1527)의 역사적 명칭을 수용했다는 점이고, 북한은 그 역사적 전통성보다는 현대적 합리성에 초점을 두고 위와 같은 자모 명칭을 정했다는 점이다. 아울러 북쪽은 두 개 이상의 자모가 어우러진 것도 자모 수에 넣어서 자모 수가 한국의 24개와는 달리 40개라는 점이다.

또한 'ㄲ(쌍기역) ㄸ(쌍디귿) ㅃ(쌍비읍) ㅆ(쌍시옷) ㅉ(쌍지읒)'의 명칭이 북쪽은 'ㄲ(된기역) ㄸ(된디읃) ㅃ(된비읍) ㅆ(된시읏) ㅉ(된지읒)'이라는 점이다. 이 차이의 특징을 살펴보면 한국은 한국어 자모에 초점을 맞춰 그 명칭을 부여한 것이고, 그에 반해 북한은 자모의 음가에 맞춰 자모의 명칭을 정한 것이다. 본질적인 차이는 없으나, 어떤 관점에서 자모를 인식하고 있는가 하는 점이 다를 뿐이다. 이 점 역시 외국인의 입장에서 혼란이 없도록 인지할 필요가 있다.

마지막으로 [붙임 2]에서 규정한 '사전에 올릴 적의 자모 순서'에도 차이가 있다. 한국은 위에서 보는 바와 같이 사전에서 자음의 순서가 위와 같지만, 북한은 자음의 경우 'ㅇ'의 음가가 없다고 보고 사전에 올릴 적에는 자음 순서에서 'ㅇ'을 뺐다. 따라서 한국에서 '아버지'라는 단어를 사전에서 찾으려면 'ㅇ' 자음에 가서 찾아야 하지만, 북한에서는 'ㅏ' 모음에 '아버지'라는 단어가 등재돼 있다는 사실을 알 필요가 있다. 전통적으로 북쪽의 체계로 한국어를 배운 외국인들—중국권, 러시아권 화자—은 이 점에 착각이 없어야 할 것이다.

1 아래 한글 맞춤법 제5절 두음법칙을 살펴보고, 이 내용이 북한의 맞춤법과 어떻게 다른지 조사해 보자.

제5절 두음 법칙

제10항 한자음 '녀, 뇨, 뉴, 니'가 단어 첫머리에 올 적에는 두음 법칙에 따라 '여, 요, 유, 이'로 적는다. (ㄱ을 취하고 ㄴ을 버림.)

ㄱ	ㄴ	ㄱ	ㄴ
여자(女子)	녀자	유대(紐帶)	뉴대
연세(年歲)	년세	이토(泥土)	니토
요소(尿素)	뇨소	익명(匿名)	닉명

다만, 다음과 같은 의존 명사에서는 '냐, 녀' 음을 인정한다.

　　냥(兩)　　　　냥쭝(兩－)　　　년(年)(몇 년)

[붙임 1] 단어의 첫머리 이외의 경우에는 본음대로 적는다.

　　남녀(男女)　　　당뇨(糖尿)　　　결뉴(結紐)　　　은닉(隱匿)

[붙임 2] 접두사처럼 쓰이는 한자가 붙어서 된 말이나 합성어에서, 뒷말의 첫소리가 'ㄴ'소리로 나더라도 두음 법칙에 따라 적는다.

　　신여성(新女性)　　공염불(空念佛)　　남존여비(男尊女卑)

[붙임 3] 둘 이상의 단어로 이루어진 고유명사를 붙여쓰는 경우에도 붙임2에 준하여 적는다.

　　한국여자대학　　　대한요소비료회사

제11항 한자음 '랴, 려, 례, 료, 류, 리'가 단어의 첫머리에 올 적에는 두음 법칙에
따라 '야, 여, 예, 요, 유, 이'로 적는다. (ㄱ을 취하고 ㄴ을 버림.)

ㄱ	ㄴ	ㄱ	ㄴ
양심(良心)	량심	용궁(龍宮)	룡궁
역사(歷史)	력사	유행(流行)	류행
예의(禮儀)	례의	이발(理髮)	리발

다만, 다음과 같은 의존 명사는 본음대로 적는다.

리(里) : 몇 리냐?

리(理) : 그럴 리가 없다.

[붙임 1] 단어의 첫머리 이외의 경우에는 본음대로 적는다.

개량(改良)　　선량(善良)　　수력(水力)　　협력(協力)　　사례(謝禮)　　혼례(婚禮)

와룡(臥龍)　　쌍룡(雙龍)　　하류(下流)　　급류(急流)　　도리(道理)　　진리(眞理)

다만, 모음이나 'ㄴ' 받침 뒤에 이어지는 '렬', '률'은 '열', '율'로 적는다.

(ㄱ을 취하고 ㄴ을 버림.)

ㄱ	ㄴ	ㄱ	ㄴ
나열(羅列)	나렬	분열(分裂)	분렬
치열(齒列)	치렬	선열(先烈)	선렬
비열(卑劣)	비렬	진열(陳列)	진렬
규율(規律)	규률	선율(旋律)	선률
비율(比率)	비률	전율(戰慄)	전률

실패율(失敗率)　　　실패률　　　　　백분율(百分率)　　　백분률

[붙임 2] 외자로 된 이름을 성에 붙여 쓸 경우에도 본음대로 적을 수 있다.

신립(申砬)　　　　최린(崔麟)　　　　채륜(蔡倫)　　　　하륜(河崙)

[붙임 3] 준말에서 본음으로 소리 나는 것은 본음대로 적는다.

국련(국제연합)　　　　　　　　대한교련(대한교육연합회)

[붙임 4] 접두사처럼 쓰이는 한자가 붙어서 된 말이나 합성어에서 뒷말의 첫소리
　　　 가 'ㄴ' 또는 'ㄹ' 소리가 나더라도 두음 법칙에 따라 적는다.

역이용(逆利用)　　　연이율(年利率)　　　열역학(熱力學)　　　해외여행(海外旅行)

2 아래 한글 맞춤법 제4장 형태에 관한 것 제1절 체언과 조사를 살펴보고, 이 규정이 전통적인 표기법과 어떤 차이가 있는지 정리해 보자.

제4장 형태에 관한 것

제1절 체언과 조사

제14항 체언은 조사와 구별하여 적는다.

떡이	떡을	떡에	떡도	떡만
낮이	낮을	낮에	낮도	낮만
꽃이	꽃을	꽃에	꽃도	꽃만

밭이	밭을	밭에	밭도	밭만
앞이	앞을	앞에	앞도	앞만
밖이	밖을	밖에	밖도	밖만
넋이	넋을	넋에	넋도	넋만
흙이	흙을	흙에	흙도	흙만
삶이	삶을	삶에	삶도	삶만
여덟이	여덟을	여덟에	여덟도	여덟만
값이	값을	값에	값도	값만

5. 한국어, 표준어로 하세요!

표준어와 방언

외국인은 한국어의 무엇을 배우는 것일까? 그리고 어떤 규범의 글을 쓰는 것일까? 언론매체에서 너무도 자연스럽게 방언(사투리)을 구사하는 외국인을 우리는 어떻게 보아야 할까? 한국어를 배운다는 것은 표준어를 배우는 것인가 아니면 방언을 배우는 것인가? 이 장에서는 표준어의 개념, 표준어와 방언의 차이, 표준 발음법, 그리고 한국 표준어 제정의 역사 등을 개괄적으로 살펴보고자 한다.

01 표준어의 개념

일반적으로 표준어 제정은 새로운 말을 창조하는 것이 아니다. 이미 그 나라에서 사용하고 있는 지역 방언 가운데 가장 큰 세력을 지니고 보편적으로 사용되는 언어에 일정한 규제와 가공을 거쳐 정하는 것이 보통이다. 따라서 표준어는 의사소통의 불편을 덜기 위해 한 국가 안에서 전 국민이 공통으로 쓰도록 정해 놓은 말로 정의할 수 있다. 대부분의 언어에서는 수도나 문화적 중심지의 교양 있는 사람들이 쓰는 언어가 그 나라 표준어의 기본이 된다. 영국의 런던 어, 프랑스의 파리 어, 중국의 베이징 어, 일본의 도쿄 어 등이 이런 예에 속한 다. 한국에도 많은 방언들이 있지만, 가장 세력이 크고 보편적인 서울말을 표준 어로 정해 놓고 있다.

그러나 표준어는 서울말이 그대로 한국어 표준어가 되는 것은 아니다. 자연 적인 서울말은 다듬어지지 않았기 때문이다. 또한 서울말에는 없고 다른 방언 에 해당 개념과 사물의 어휘가 있을 때, 그 방언의 단어가 표준어로 인정될 수 도 있다. 일반적으로 방언간의 차이가 두드러져 표준화가 필요할 때 가장 중요 한 것은 어휘에 해당한다. 그러므로 표준어에 대한 규정은 대체로 어휘에 초점 을 맞추게 마련이다. 또한 표준어는 해당 국가 안에서는 어디서나 공통으로 의 사소통이 가능하도록 다듬은 것이므로 자연히 공통어(common language)로서의 지 위를 얻는다. 그러나 공통어가 규범성에 초점을 두고 있는 반면에, 표준어는 규 범성을 지니고 있는 말이라는 점에서 공통어와는 구별된다. 따라서 공통어가 통용이 가능한 공적인 말이라는 의미라면, 표준어는 바른 말이어야 한다는 규 범적 특징을 띠고 있다. 아래는 한국어 어문규정 중에서 <표준어 규정> 제1장 총칙의 두 개 항이다.

제1항 : 표준어는 교양 있는 사람들이 두루 쓰는 현대 서울말로 정함을 원칙으로 한다.
제2항 : 외래어는 따로 사정한다.

제1항은 1933년의 '한글 맞춤법 통일안'의 "표준말은 대체로 현재 중류 사회에서 쓰는 서울말로 한다"를 다소 수정한 것이고, 제2항 외래어는 들어온 말로서 역시 궁극적으로는 표준어로 그 지위를 얻을 수 있으나, 표준어처럼 계층, 시대, 지역이라는 세 기준에 맞추기 어려운 말이기 때문에 따로 규정을 정한다고 하였다. 아래의 두 한국어학자의 견해에 비추어보면 그 이해가 좀 더 쉬울 것이다.

> 표준어는 그 언어를 사용하는 민족이나 국가 중에서 가장 문화가 발달된 지방의 말로서 각 지방을 통하여 잘 이해되고 각 지방을 향하여 항상 전파될 세력을 가지고 있으며, 그 민족이나 국가의 공식용어로 쓰기에 가장 적당한 말이다.
>
> — 이희승 : 1932
>
> 그 나라말 가운데의 한 시골말이던 것이 뽑혀서 사람의 의식적인 갈기, 닦기, 바로잡기, 집기를 입어서 완전한 것이 된 전혀 이상적인 말이다.
>
> — 최현배 : 1934

표준어는 입으로 말하는 입말 표준어와 글로 적는 글말 표준어를 모두 포함한다. 입말 표준어는 라디오, 텔레비전 등의 뉴스, 학교 강의 및 공식석상에서의 강연 등에 사용되며, 글말 표준어는 주로 신문, 교과서, 법령, 공문서, 학술 서적 등에 사용된다. 따라서 아나운서, 초중고 교사 및 대학 교수는 기본적으로 표준어를 구사해야 하며, 공식적인 모든 문서에는 글말 표준어로 그 내용이 구성되어야 한다.

이러한 규정은 외국인에게도 예외가 아니다. 우선 중요한 것은 음성 언어와 문자 언어를 구별할 수 있어야 한다. 그리고 입말 표준어와 글말 표준어로 한국어를 배워야 하며, 학문하는 공간에서 반드시 그 규범을 지켜야 한다. 텔레비전 등에서 시청자의 흥미를 유발하기 위해 사투리를 쓰는 외국인을 출연시키는 경우, 그것이 오락 프로그램에 한정되어야 한다. 표준어의 규정을 따르고 지키는 것은 한국어를 모어로 삼는 한국인뿐만이 아니라 한국어로 말하고, 한국어로 학문하는 외국인에게도 적용된다.

02 │ 표준어와 방언의 차이는?

'방언'은 그 사전적 의미 그대로 각 지역의 말, 지방의 말이라는 뜻이다. 그리고 표준어의 대립 개념으로 이해하는 것이 일반적이다. 그렇다고 해서 그 지위가 병렬적이지는 않다. 다시 말하면 방언은 아직 다듬어지지 않았다는 의미에서 다듬어진 표준어와는 차이가 있다. 차이가 차별을 의미하지는 않으나, 방언이 대체로 지역 사투리를 기반으로 규정된 개념이라고 한다면 인공적인 표준어보다 그 지위가 낮다고 보는 게 타당하다. 그렇다고 해서 한 국가의 문화가 녹아들어 있는 방언을 배격하거나 버려야 할 말로 규정하는 것은 위험하다. 그 속에는 한국어의 문화적 속살이 스며있기 때문이다. 표준어와 방언은 공존해야 한다.

한국의 표준어도 서울을 중심으로 한 말일 뿐 서울의 말과 꼭 일치하는 것은 아니다. 만일 표준어를 서울말로만 제한하면 서울이 아닌 곳에서 주로 사용되는 농업, 어업, 임업 등의 관련 어휘는 표준어가 될 수 없기 때문이다. 그러나 특정 지역 방언도 표준어 어휘 체계에 들어갈 수 있으며, 인공적인 표준어 체계를 보완하는 특징을 지니고 있다. 다만 좀 더 미시적으로 방언과 구별하여 '사투리'는 방언에 속하는 것이지만, 표준어의 지위를 영원히 얻기 어려운 개념으로 이해해 '방언'과 '사투리'를 구별해 볼 수도 있다. 김민수(1973)에서는 표준어와 방언의 차이를 다음과 같이 요약하였다.

표 준 어	방 언
있어야 할 말	있는 그대로의 말
이념적·추상적 말	구체적, 실재적 말
인위적 말	자연적 말
객관성 추구	주관성 반영
특정 지역어를 바탕	모든 지역어를 바탕

03 | 표준 발음법이란?

　　표준 발음이란 도대체 무엇일까? 방언을 구사하는 언중들의 말을 들었을 때, 우리는 표준어와 그 방언 사이에서 어떤 차이를 느끼는 것일까? 차이를 느끼는 것은 어휘 때문인가 아니면 억양 때문인가? 그것만이 아니라면 어떤 요소가 표준어와 방언을 확연히 구별하는 잣대가 될까?

　　표준 발음을 언급하기 위해서는 우선 어문 규정 〈표준어규정〉의 "표준발음법" 제1장 총칙 제1항을 먼저 알아둘 필요가 있다. 그 규정에 따르면, "표준발음법은 표준어의 실제 발음을 따르되, 한국어의 전통성과 합리성을 고려하여 정함을 원칙으로 한다.”고 되어 있다. 다소 모호한 면이 있지만, 표준어의 실제 발음을 따른다는 점이 대전제다. 그렇다면 한국어의 표준 발음의 정의는 “교양 있는 사람들이 두루 쓰는 현대 서울말의 실제 발음”으로 규정해 볼 수 있다. 곧 표준어의 규정과 밀접한 관련을 맺고 있다는 점을 기억해 두어야 한다. 따라서 한국어사전에 오른 표제어의 대다수 발음은 표준어의 실제 발음이라고 할 수 있다.

영남 지역 사람들은 ‘의사’라는 단어의 발음을 [이사]로, 호남 지역 사람들은 [으사]로 발음하는 경우를 종종 듣는다. ‘ㅢ’라는 하강 이중 모음이 두 지역에서 모두 단모음으로 실현된 예이다. 이 때 우리는 두 지방의 언중 발음을 듣고 그것이 표준 발음이 아님을 인식하게 된다. 표준어와 방언을 구별하는 것은 서로 다른 어휘나 억양의 차이로 가능하지만, 위와 같이 동일한 어휘에 대한 이질적인 음성 실현으로 표준어와 방언은 구별된다. 그래서 사전에서는 발음의 방언 교체형 함께 반영하지 않고 표준 발음 [의사]만을 보여준다.

한국어사전의 발음 정보가 반드시 방언 화자를 위한 것은 아니다. 그 발음 정보는 표준어를 구사하고 있다고 믿는 서울 지역 사람들에게도 유용한 정보다. 일반적으로 서울 지역의 사람들이 표준어를 제대로 구사하는 비율이 높긴 하겠으나, 발음에 국한해 볼 때 서울 지역의 모든 사람들이 표준 발음을 정확히 구사한다고 볼 수 없다.

예컨대 단모음 ‘ㅚ’나 ‘ㅟ’의 경우 이중모음으로 발음할 수 있다는 [붙임]의 조항이 있으나 원칙적으로 이 모음들은 단모음이다. 그러나 이 두 모음의 단모음 발음 방법을 일반 언중들이 알긴 어렵다. ‘김밥’이라는 단어의 경우 [김빱]이 아니라 ‘김-밥[김 : -]’으로 발음해야 한다는 사실을 아는 서울 지역 화자도 그리 많지 않다. '김밥'에서 '밥'을 된소리로 발음하면 표준발음법에 어긋나는 것이다. 이렇듯 서울 지역의 언어 사용자에게도 한국어사전의 발음 정보는 규범적 성격을 지니며 대단히 유용하고 필수적이다.

표준 발음은 특히 특정한 목적을 수행하는 집단에게는 대단히 중요한 문제다. 공영 방송에서 뉴스와 보도를 주 업무로 삼고 있는 아나운서와 기자, 그리고 공교육 기관에서 말하기 교육을 수행하고 있는 국어 교사 및 한국어 교사가 그들이다. 아나운서의 자질 중에 중요한 것 중 하나가 표준 발음을 구사할 수 있는 능력이다. 억양은 접어 두고서라도 발음까지 특정 방언 교체형으로 구사하는 국어 교사 및 한국어 교사는 기본적으로 소양 미달이다. 따라서 이들에게 표준 발음이 반영된 한국어사전과 발음 사전은 중요한 실무 교본이다. 우리말을 가르치는 교육적 차원에서 표준 발음의 구사는 공익적 행위를 하는 것이라는 점을 간과할 수 없다.

04 │ 표준어 규정의 대강

아래의 내용은 어문규정 중에서 표준어 규정의 대강을 보인 것이다. 종전의 표준어 규정과 어떤 차이가 있는지 살펴보면서 그 특징을 이해해 보도록 하자. 표준 발음법은 표준어 규정에 함께 수록돼 있다. 한국어를 배우는 외국인은 이 점도 꼭 숙지해야 할 부분이다.

구분	내용	개정 표준어 규정	참고 (종전 표준어 규정)
명칭		표준어 규정	없음
체제		• 표준어 사정 원칙 : 3장 10절 26항 • 표준 발음법 : 7장 30항	• '한글 맞춤법 통일안'의 부록 및 '사정한 조선어 표준말 모음'
표준어 사정 원칙	총칙	"표준어는 교양있는 사람들이 두루 쓰는 현대 서울말로 정함을 원칙으로 한다."	"표준말은 대체로 현재의 중류 사회에서 쓰는 서울말로 한다."
	자음	① 거센소리가 나는 현실 발음을 인정한다. 예) 나팔꽃 　　살쾡이	예) 나팔꽃, 나발꽃 　　살쾡이, 삵괭이
		② 거센소리로 나지 않는 형태를 표준어로 삼는다. 예) 가을갈이 　　거시기	예) 가을카리, 가을갈이 　　거시키, 거시기
		③ 어원에서 멀어진 형태로 굳어진 말은 그것을 표준어로 삼는다. 예) 강낭콩 　　사글세	예) 강낭콩, 강남콩 　　사글세, 삭월세
		④ 한자 '구(句)'가 붙어서 이루어진 단어는 '구'로 통일한다. 예) 구절(句節) 　　문구(文句)	예) 구절, 귀절 　　문구, 문귀
	단수 표준어로 단일화	① 준말 또는 본말 중에서 널리 쓰이는 것을 표준어로 삼는다. 예) 뱀 　　궁상떨다	예) 배암, 뱀 　　궁떨다, 궁상떨다
		② 사어는 표준어에서 제외한다. 예) 오동나무 　　가루약 　　포수	예) 오동나무, 머귀나무 　　가루약, 말약 　　포수, 총댕이
표준어 사정 원칙	복수 표준어 인정	① 널리 쓰이는 방언은 표준어로 인정한다. 예) 우렁쉥이 / 멍게 　　어린순 / 애순	예) 우렁쉥이 　　어린순

표준어 사정 원칙	복수 표준어 인정	② 널리 쓰이는 말을 복수 표준어로 인정한다. 예) 가물 / 가뭄 　　고까 / 때때 / 꼬까 　　만큼 / 만치	예) 가물 　　고까 / 때때 　　만큼
	모음	① 모음이 바뀌어 굳어진 단어는 굳어진 것을 표준어로 인정한다. 예) 상추 　　호루라기	예) 상치 　　호루루기
	관련성이 있는 단어들의 통일	① 한 가지 형태만을 표준어로 삼는다 예) 돌(생일, 주기)	예) 돌(생일), 돐(주기)
		② 수컷을 이르는 접두사는 '수-'로 통일한다. 예) 수꿩 　　수놈 　　수탉	예) 수꿩, 수퀑 　　수놈, 수놈 　　수탉
표준 발음법	총칙	•"표준어의 실제 발음을 따르되, 국어의 전통성과 합리성을 고려하여 정함을 원칙으로 한다."	• 표준 발음법을 명시하지 않았음
	이중 모음	① 2중모음의 발음에서 예외 조항을 두어 현실음을 인정하였다.	• 규정 없음
		② 용언의 활용형 '져·쪄·쳐'는 [저, 쪄, 처]로 발음한다. 예) 가지어 → 가져[가저] 　　찌어 → 쪄[쪄] 　　다치어 → 다쳐[다처]	• 어떤 경우에나 2중모음으로 발음한다.
		③ '예, 례' 이외의 'ㅖ'는 [ㅖ / ㅔ]로 발음한다. 예) 계집[계:집 / 게:집] 　　혜택[혜:택 / 헤:택]	• 규정 없음
		④ 단어의 첫 음절 이외의 '의'는 [ㅣ]로, 조사 '의'는 [ㅔ]로 발음하는 것을 허용한다.	• 규정 없음

표준 발음법	이중 모음	예) 주 의 : [주의] (O) 　　　　　　[주이] (O) 　　우리의 : [우리의] (O) 　　　　　　[우리에] (O)	• 규정 없음
	소리의 길이	① 단어의 첫 음절에서만 긴 소리를 인정하되, 분명한 긴 소리는 둘째 음절 이하에서도 인정한다. 예) 눈보라 [눈:보라] 　　첫눈　　[천눈] 　　재삼재사[재:삼재:사]	• 규정 없음
		② 어간이 긴 소리일지라도 피동·사동의 접미사가 결합되면 짧게 발음한다. 예) 감다 [감:다] 　　감기다[감기다] 　　꼬다 [꼬:다] 　　꼬이다[꼬이다]	• 규정 없음
	받침의 발음	① 받침 발음의 혼란을 바로잡았다. 예) 값어치 : 갑서치, 가버치 　　　　　→[가버치] 　　넓 다 : 널따, 넙따 　　　　　→[널따] 　　밟 다 : 발 : 따, 밥 : 따 　　　　　→[밥 : 따]	

위의 표준어 규정은 다음과 같은 네 가지 요소로 정리할 수 있을 것이다. 첫째, 그 동안 자연스러운 언어 변화에 의해 1933년에 표준어로 규정하였던 형태가 고형이 된 것, 둘째, 그 때 미처 사정의 대상이 되지 않아 표준어로서의 자격을 인정받을 기회가 없었던 것, 셋째, 각 사전에서 달리 처리하여 정리가 필요한 것, 넷째, 방언, 신조어 등이 세력을 얻어 표준어 자리를 굳혀 가고 있는 것을 반영하여 1988년부터 시행되고 있다.

민현식(1999)에서는 표준 어휘 선정을 위한 네 가지 기준을 아래와 같이 제시하고 있는데, 이 부분도 참고해 볼 만하다.

1) 표음주의보다 표의주의(형태주의) 원칙을 우선해야 한다.
2) 표음주의를 따를 경우는 다음 두 가지 기준을 정한다.
첫째, 다수결의 원리를 존중한다. 구형을 표준어로 정하여도 워낙 신형이 널리 쓰여 구형이 지켜지지 않을 것이 예상되는 것은 과감히 신형으로 정한다.
둘째, 대등성의 원리를 존중한다. 구형과 신형이 대등한 분포로 같이 널리 쓰이거나, 또는 한 사람의 발화자에게서 두 형태가 동의어로 잘 쓰이고 있다면 어느 한쪽으로 정할 수 없으므로 복수표준어로 처리한다.
3) 국어 어휘의 다양성과 확장성을 훼손하지 말아야 한다.
4) 방언형을 표준어로 승격하는 데 인색하지 말아야 한다.
5) 표준어 선정은 과학적 방언 조사를 기준으로 해야 한다.

요컨대, 외국인의 입장에서 한국어로 글쓰기를 할 때, 기본적으로 표준어 어휘를 골라 사용해야 함은 물론이려니와, 한국어로 말하기를 수행할 때, 표준어를 구사해야 함을 당연시 한다. 방언이 가지고 있는 긍정적 측면은 사적인 언어생활에서 친근감, 공동체 의식을 높이는 데 기여할 수 있다. 그러나 대학에서 쓰고 말할 때는 우선 표준어가 한국어의 근간이라는 점을 인식하고 그에 대한 숙달도를 높이는 데 한국어 능력 제고의 초점을 두어야 한다.

1 아래 내용을 보고, 표준어, 공통어, 공용어의 공통점과 차이점을 정리해 보자.

김민수(1973 : 69)에서는 표준어(標準語), 공통어(共通語), 공용어(公用語)라는 용어를 다음과 같이 구별하였다.

① 공통어 : 한 나라 안에서 언어가 다른 종족이나 민족 사이에 널리 통용되어 쓰이는 제 3국어. 바른말(표준어)이 아니더라도 현실적으로 통용되는 언어. 표준말이 제 구실을 못할 때 제 3국어를 공용어로 도입하는 경향을 보인다. 대게 과거 식민지 국가에서 나타난다. 인도는 힌두어가 표준어이지만 영어가 공통어이고 필리핀은 타갈로그어가 표준어이지만 영어가 공통어이다.

② 표준어 : 한 나라 안에서 어디서나 공통으로 의사를 교환하도록 다듬어 세운 언어. 공통어이면서 바른말이어야 하는 규범성을 가진다.

③ 공용어 : 공통어가 아니더라도 공식적으로 사용하도록 함으로 정식으로 규정한 언어. 우리도 일제하에서는 일본어, 미군정하에서는 영어가 공용어였다.

2 아래에서 언급하고 있는 표준어의 기능 중에서 논란이 될 수 있는 기능을 골라 보고 방언과의 관계를 말해 보자.

이익섭(1983 : 44~5)은 표준어의 기능에 대하여 다음과 같이 소개하였다.

① 통일의 기능(unifying function) : 한 나라를 단일 언어 사회로 묶어 국가 의식상 통일시 키는 기능을 말한다.

② 독립의 기능(separating function) : 다른 언어 종족과 구별되어 종족 독립성을 유지할 수 있는 기능이다. 나아가서 국어애(國語愛)를 통해 애국심을 고취할 수도 있다.

③ 우월의 기능(prestige function) : 표준어 사용층은 사회적 우위층이 쓰는 편이므로 표준어 사용은 우월감, 자부심을 갖게 한다.

④ 준거의 기능(frame of reference function) : 표준어 구사력은 사회적 규범에 대한 순응력 판단의 준거가 된다.

6. 한국어는 문화 접촉의 산물;

한국 외래어와 한자어

근대 문물의 수용과 더불어 한국어 어휘 체계 안에는 다양한 외래어가 자리를 잡고 있다. 한국어를 배우는 외국인의 경우 고유한 한국어 어휘만을 배우는 것이 아니라 한국어 체계 안에 자리 잡은 다양한 외래어도 접하게 된다. 한자어도 엄밀한 의미에서 보면 외래어에 해당하기 때문에 그 수효는 산술적으로 한국어 고유어 어휘 수보다 많다. 따라서 한국어로 글 을 쓰기 한국어 어휘 체계를 이해하고자 할 때 그 외래어에 대한 개념을 이해하는 건 중요한 선행 학습에 해당한다. 또한 한·중·일 삼국 한자어의 이해를 통해서 한국어 어휘 체계의 특징도 파악해 보고자 한다.

01 | 한국 외래어의 기존 정의

한국어의 어휘는 그 성격 상 여러 가지 유형이 있다. 한국어 어휘 체계 안에서 자생적으로 만들어진 말이 있는가 하면, 다른 문화와의 접촉 과정을 통해 다른 언어의 어휘 체계로부터 들어온 말도 있다. 후자의 경우를 우리는 외래어라고 일컫는데, 이 외래어라는 표현은 종종 차용어라는 개념과 명확히 구별됨이 없이 쓰이기도 한다. 또한 외래어는 외국어라는 개념까지도 아우르며 혼용되고 있다.[10]

외국어에서 차용된 어휘들은 어원별로 보면, 한국어 어휘의 약 70퍼센트를 차지하는 한자어, 중국을 통하여 들어온 범어, 몽고어, 만주어, 여진어 따위의 대륙계 어휘와, 일본어, 영어, 스페인어, 포르투갈어, 독일어, 프랑스어, 러시아어 등 해외계 어휘로 양분될 수 있다. 이 중에서 역사적으로 차용된 외래어군, 즉 한자어를 중심으로 한 대륙계 어휘군은 이미 한국어로 거의 굳어진 귀화어의 성격을 띠고 있는 어휘들이기 때문에 이들이 외래어라는 사실을 한국어 화자들은 직관적으로 인식하지 않고 있다.

위에서 이미 언급한 바와 같이 차용어, 외래어가 서로 혼용되어 사용되고 있으며, 외래어의 외연 또한 그 경계가 뚜렷하지 않다. 따라서 그 정의는 결국 어디까지를 외래어로 볼 것인가 하는 문제와 맞닿아 있을 수밖에 없으며, 그것의 출발은 한편으로 외래어의 개념을 차용어와 구별하여 이해할 필요가 있다. 주요 한국어학자들의 외래어에 대한 정의를 살펴보자.

> 다른 언어 체계의 자료를 자국어 체계에 자의적이든 타의적이든 간에
> 빌려 넣어서 그 사용이 사회적으로 승인된 것을 차용어 또는 외래어라고

---

10) 외래어를 단순히 외국에서 들어온 말로 정의하게 되면, 한국어로 흡수된 좁은 의미의 외래어의 개념을 넘어서 표기만이 우리말로 되어 있을 뿐, 그 동화의 정도가 차용의 성격을 지니고 있지 않는 것조차도 넓은 의미의 외래어로 볼 수 있게 된다.

한다. 다만 차용(borrowing)이 능동적인 입장에서 구해 오는 것을 뜻하는
데 대하여 외래(loaning)는 원하든 원치 않든 간에 타의에 의하여 유입되
는 뜻을 강하게 풍긴다. 그러면서도 다른 언어 요소가 자국어 체계 속에
들어오는 과정이 그렇게 선명한 것이 아니고 보면 그 구별은 꼭 필요한
것이라고 주장할 수는 없다.

— 천시권 · 김종택, 1997

외래어를 'exotic'의 번역으로, 차용어를 'loan word'의 번역으로 보고
양자 간의 관계를 주종 관계가 아닌 대립의 관계로 이해해야 한다.

— 김민수, 1983

외래어가 상위 개념이며 그 아래 귀화어와 차용어로 양분될 수 있다.
전자를 외국말이 차용되어 오래 지나는 동안 귀화하는 과정을 거쳐서 완
전히 동화해서 고유어와 다름없이 되는 것이고, 후자는 완전히 귀화하지
않은 덜 익숙한 느낌이 들거나 생소하게 느껴지는 말이다.

— 류구상, 1970

위의 정의를 바탕으로 보면, 전통적으로 외국어는 그 귀화 정도에 따라, 귀
화어, 차용어, 외래어의 구분이 가능함을 제시하고 있다. 이 분류에서는 귀화어
는 한국어 어휘 체계에 들어와 오랫동안 쓰이면서 완전히 우리말에 동화된 단
계의 말로[11] 보고, 차용어는 아직 고유어로 완전히 익지는 않고, 외국어 의식이
약간 남아 있는 단계의 말로 보며,[12] 외래어는 아직도 외국어와 다름없이 생소

---

11) 고무(gomu)—네덜란드 어, 남포(lamp)—영어, 구두(クツ[靴])—일본어 따위이다.
12) 즈봉(jupon)—프랑스 어, 타이어(tire)—영어 따위이다.

한 느낌이 있는 단계의 말로 보는 것과 같다.[13]

위의 분류에서는 일단 차용어와 외래어를 그 동화 정도에 따라 약간은 다른 개념으로 보고는 있으나, 아래 각주에 제시된 실례를 보면 차용어와 외래어의 변별성이 뚜렷하지 못하다. 그리고 오히려 위의 분류에서는 귀화어에 해당하는 개념과 그 실례가 전통적으로 차용어로 불렸던 것은 아닌가 하는 생각을 지울 수 없다. 그리고 귀화어, 차용어, 외래어를 지나치게 병렬적 관계로만 파악함으로써 용어 상의 혼란이 다소 있다는 생각이다.

02 | 외래어의 새로운 개념 규정

따라서 여기서는 한국어의 차용어와 외래어를 구분하려 할 것이나, 전통적인 앞선 연구의 관점에서는 그 차이를 변별해 내는 데 무리가 있다고 판단하면서, 차용(어)의 개념을 계층적으로 이해하고 아래와 같이 구조화해 보고자 한다.

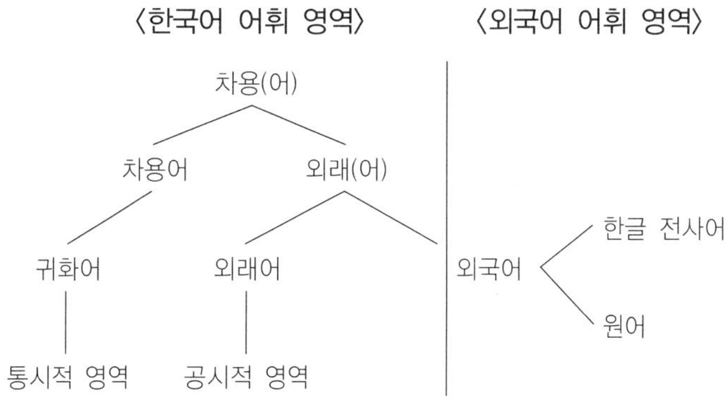

---

13) 아르바이트(Arbeit)－독일어, 템포(tempo)－이탈리아 어 따위이다.

위의 그림에 비추어 본다면 외래어는 넓은 의미의 차용(어)의 하위 개념에 해당하는 것이 된다. 그리고 좁은 의미의 차용어가 넓은 의미의 차용(어)의 하위 개념이 된다. 실제로 영어권에서 이해하고 있는 차용의 개념을 보면 위의 분류가 좀 더 차용어와 외래어를 구분해 줄 근거가 된다.

영어권에서는 차용(borrowing)을 유개념으로 보고 그 안에서 외래어(loan words)를 종개념으로 보고 있다. 즉 차용의 범주 안에 외래어를 설정하고 있고, 그 외래어와 병렬 관계에 있는 다른 유형의 차용을 제시하고 있다. Hockett(1958)에서는 1) 외래어(語借用, loan word), 2) 차용 전이(loan shifts), 3) 차용 혼성(loan blend), 4) 발음 차용(pronunciation borrowing), 5) 문법적 차용(grammatical borrowing) 등을 열거하고 있다.

D. Crystal(1998)에서도 차용의 종개념으로서 1) 외래어(語借用, loan word), 2) 차용 전이(loan shifts), 3) 차용 혼성(loan blend)을 설정하고 있다. 국내에서 출간된 영어학 사전(1990)에서도 차용의 종개념으로서 'loan word'를 '다른 언어로부터 도입된 어'라고 정의하고 본래어(native word)에 대립되는 개념으로 흔히 이르는 외래어에 해당한다고 언급하고 있다. 그러나 이 경우는 차용과 외래어를 상하 관계로 구분한다는 점에서 이 글과 견해를 같이 하나, 'loan word'를 차용어 혹은 외래어로 구분 없이 보고 있다는 점에서 이 글과 다르다.

그래서 이 글에서는 위에서 제시된 그림을 바탕으로 외래어를 차용어와 구분해 보고자 하는 것이다. 그러면 외래어와 차용어를 구분하기 전에 우리는 넓은 의미의 차용(어)과 좁은 의미의 차용어의 그 차이는 무엇인지 생각해 보아야 한다. 그 차이는 좁은 의미의 차용어의 정의 내지는 한계 설정을 통해 가능할 수 있을 것이다. 그것은 곧 외래어와의 한계를 지을 수 있는 근거가 된다.

좁은 의미의 차용어의 경우는 위의 그림에서 보면 차용의 하위 개념이고 통시적이고 역사적인 개념이다. 즉 한국어 어휘사의 입장에서 볼 때, 현대 국어 이전 시기에 외국에서 유입되어 한국어로 굳어진 말로 한정할 수 있다고 생각한다. 즉 현대 한국어의 입장에서 보면 역사적으로 외국에서 들어온 말이 한국어로 정착된 것으로 차용 중에서 [+Diachronic], [+Foreign], [+Korean]의 자질을 가지고 있는 어휘들을 가리킨다. 이에 해당하는 어휘들은 대개 중국을 중심으로 한 대륙계 어휘들이다. 곧 차용어는 역사적으로 이미 한국어화된 어휘들이기 때문에 완전한 귀화어로서 그 지위를 얻는 것이다. 그렇기 때문에 이 글에서는 오히려 차용어와 외래어의 혼용해서 같은 개념으로 보는 것이 아니라 차용어와 귀화어를 같은 개념으로 보고자 한다.

그 반면에 한국어 어휘사의 입장에서 볼 때, 현대 한국어 시기에[14] 외국에서 유입되어 한국어화 과정을 거쳐 현재 쓰이고 있는 말을 우리는 차용어와 구별해 외래어로 한정할 수 있을 것이다. 곧 현대 한국어에서 공시적으로 사용되고 정착된 것으로 차용 중에서 [+Synchronic], [+Foreign], [+Korean]의 자질을 가지고 있는 어휘들을 가리킨다. 이에 해당하는 어휘들은 근대 문물 수용 이후에 들어온 서양계 어휘들이다. 이 어휘들은 역사적으로 이미 한국어화된 어휘들은 아니기 때문에 완전한 귀화어라고 볼 수는 없다. 그러나 한국어의 어휘 체계 영역에 속하는 것이기 때문에 한국어 어휘임은 물론이다. 그런 점에서 이 글에서는 외국어와는 구별된다.

그렇다면 위의 그림에서 외국어가 남게 되는데 이 외국어는 두 가지가 있을

---

14) 여기서 말하는 현대 국어 시기라고 함은 근대 국어 이후, 즉 근대 계몽기 시대(개화기), 일제 시대, 그리고 현재를 모두 아우르는 시기로 본다.

수 있다. 그 첫째가 원어 어휘로서 외국어이며, 다른 하나가 외래어 표기법에 근거하여 한글로 전사된 우리말 표기로서의 외국어이다. 전자는 당연히 한국어가 아님은 물론이지만, 후자의 경우는 공시적 입장에서 위에서 정의한 외래어와 그 구분 한계를 짓는 데 어려움이 있다. 이 어휘들은 차용에 해당하는 것이 아니기 때문에, [+Synchronic], [+Foreign], [−Korean]의 자질을 갖는 것이다.

요컨대, 차용은 좁은 의미의 차용어가 보여 주는 통시적 차원의 역사적 차용이 있으며, 외래어가 보여 주는 공시적 차원의 차용으로 하위 구조화될 수 있으며, 따라서 넓은 의미의 차용은 통시적 개념의 차용어와 공시적 개념의 외래어를 한데 포괄하는 개념으로 이해할 수 있다. 그리고 이 글은 자연히 차용 중에서 외래어에 국한될 수밖에 없으며, 그 외래어는 외국어의 수준이 아니며, 공시적으로 한국어 어휘의 한 유형에 해당하는 것이 된다.

또한 우리는 지나친 언어순결주의의 입장에서 벗어날 필요가 있다. 즉 광범위하게 우리 언어생활을 지배하는 외래어들의 경우, 외국에서 들어온 말이라는 이유만으로 그 어휘들을 모두 한국어의 어휘 체계에 포함시키지 않는다면 우리 국어 어휘는 그만큼 넉넉하고 풍부해지지 못할 것이다.

03 | 한 · 중 · 일 유사 한자어의 비교

중국과 일본의 한국어 학습자의 증가로 세 나라 한자어에 대한 비교와 대조는 한국어 어휘 교육에서 중요한 관심사이다. 더욱이 세 나라 모두 한자 문화권의 영역에 있으면서 다소 상이한 한자 체계를 바탕으로 각 나라의 개념어를 형성해 나가고 있다. 따라서 한국어를 배우는 외국인, 특히 중국인 및 일본인 학습자들은 세 나라가 어떤 한자어에서 유사하거나 그 차이를 보이고 있는지에 대한 이해가 필요하다. 그 이해를 바탕으로 한 학문 목적 글쓰기는 유용할 수 있기 때문이다.

세 나라 유사 한자어의 비교 및 대조는 크게 세 가지의 유형으로 나뉠 수 있다. 우선 그 첫째가 세 나라 한자어의 동형이의어 양상이다. 동형이의어는 그 한자어의 형태는 같되 그 의미가 서로 다른 유형의 한자 어휘 관계를 이른다. 둘째는 세 나라 한자어의 이형동의어양상이다. 이형동의어라 함은 그 한자어의 일부 혹은 전부가 다른 형태이되 그 의미는 거의 같거나 유사한 유형의 한자 어휘 관계를 말한다. 셋째는 세 나라 한자어의 동형동의어 양상이다. 동형동의 어는 말 그대로 그 한자어의 형태도 같고 그 의미도 거의 일치하는 유형의 한 자 어휘 관계를 말한다.

이 세 유형의 한자어는 최소한 형태나 의미 중 어느 하나가 세 나라에서 일 치하는 어휘들이다. 즉, 최소한 형태가 같거나, 아니면, 의미가 거의 같거나, 아 니면 형태와 의미가 모두 같거나 해야 한다는 것이다. 그래야 우리가 논의하고 자 하는 어휘적 차원에서 동아시아 이중 언어 현상의 한 측면을 논의할 수 있 기 때문이다. 그리고 이 세 유형의 한자어는 일단 사전의 문제와 나중에 관련 되기 때문에 그 어휘의 역사적 측면, 즉 각 나라에 유입되거나 수용된 과정의 문제와의 관련성은 배제하고 공시적으로 현재 세 나라에서 쓰이는 어휘라는 점 을 전제하고자 한다.

그런데 이형이의어의 경우는 동아시아 이중언어 현상과 차원이 다른 유형으 로 일단 보고자 한다. 왜냐하면 한자어가 세 나라 제각기 형태도 다르고 의미 도 다르다면 그것은 그 나라 내부의 한자어 문제, 즉 그 해당 언어 내에서 논의되어야 할 한자 어휘론적 차원이기 때문이다. 한국에서 독자적으로 쓰이는 한자어, 일본에서 독자적으로 쓰이는 한자어, 중국에서 독자적으로 쓰이는 한자어의 문제는 그런 의미에서 세 나라 유사 한자어 비교 및 대조라는 이 논의에서 일단 제외된다. 그럼 우선 동형이의어부터 그 양상을 살펴보기로 하자.

(1) 한·중·일 동형이의어 비교 및 대조

한·중·일 동형이의어의 경우 사용 빈도가 높다는 한자어를 중심으로 살펴보고자 했으며, 당연히 한국과 중국과 일본에서 그 표기가 한자로 이루어지는 명사를 대상으로 삼았다. 그리고 중국에서 사용되는 간체자(簡字體), 일본 상용한자의 신체자(新字體)는 한국에서 쓰는 원자(原字), 즉 구자체(舊字體)와 동형으로 보았다. 그 몇 예를 보도록 하자.

개학(開學)

한 ① 학교에서 방학, 휴교 따위로 한동안 쉬었다가 다시 수업을 시작함.
　　② 새로 만든 학교에서 처음으로 수업이나 사무를 시작함. 개교(開校).
중 학교에서 방학, 휴교 따위로 한동안 쉬었다가 다시 수업을 시작함.
일 대학을 창립함.

백성(百姓)

한 ① 나라의 근본을 이루는 일반 국민을 예스럽게 이르는 말.
　　② 예전에, 사대부가 아닌 일반 평민을 이르던 말
중 ① (文) 국민, 백성 → 老百姓
　　② 중국 고대 百官의 족(族).

일 ① 나라의 근본을 이루는 일반 국민을 예스럽게 이르는 말.
② 농민.
③ 촌뜨기라고 낮추어, 혹은 욕되게 부르는 말.

애인(愛人)
한 ① 이성 간에 사랑하는 사람. 연인(戀人).
② 남을 사랑함.
중 부부의 한쪽에서 본 다른 쪽. 곧 남편이나 아내.
일 ① 이성 간에 사랑하는 사람.
② 정부(情夫), 정부(情婦).
③ 남을 사랑함.

위에서 드러난 동형이의어는 형태는 같되, 의미는 서로 다르거나 부분적 유사성만이 있는 관계를 형성한다. 형태가 같은데 의미가 다르다는 것은 삼국의 언어 환경에서 그 의미가 서로 이질적이 되었다는 것이고, 그러한 어휘에 대한 비교 및 대조는 어휘적 이중 언어 현상의 가장 중요한 부분이다.

이렇게 다른 의미로 쓰이는 한자어는 각각의 언중이 다른 나라의 언중과 글말로서의 의사소통을 할 때, 그 차이를 알지 못한다면 장애가 되는 내용이다. 그런데 이러한 차이를 한데 모아서 보여 주고 그 차이를 설명한다면 삼국의 언중이 상대 나라의 언중들과 보다 효과적인 의사 전달을 할 수 있을 것이다. 특히 삼국의 언중들이 상대 나라 언어를 자유자제로 구사할 수는 없어도 필담으로 이루어지는 현실이나, 상대 나라의 대중 매체(신문, 잡지)를 대하는 빈도가 늘어나는 현실을 감안한다면 이러한 유형의 한자어에 대한 가시적 비교 및 대조는 필수적이다.

(2) 한·중·일 이형동의어 비교 및 대조

한·중·일 이형동의 관계는 그 한자어형은 다르지만, 그 의미가 거의 일치하는 어휘로서, 실상 한국에서만 사용되는 한자어와 일본에서만 사용되는 한자어, 중국에서만 쓰이는 한자어의 대응 관계이다. 여기서는 반드시 각기 삼국에서 쓰이는 어형이 서로 다른 언어에서는 절대로 쓰이지 않으면서 그 의미가 거의 일치할 때를 이형동의어로 규정하면서 아래의 예를 제시하고자 한다.

한	일	중
간호사(看護師)	看護婦[15] / 看護士[16]	護士
공부(工夫)	勉强[17]	學習 / 工作
남편(男便)	亭主	丈夫
지갑(紙匣)	財布	錢包

위의 한·중·일 이형 동의어에서 유의할 필요가 있는 것은 반드시 우리의 관점에서는 우리 국어사전에서 형태적 배타성과 의미적 일치성을 일본 한자어와 중국 한자어와의 대조를 통해 다시 확인하여 한·중·일 한자어의 동형이의 관계를 설정해야 한다는 것이다.

따라서 이형동의어를 논하기 위해서 이형동의의 관계는 형태적 배타성과 의

---

15) 표준국어대사전에서는 '간호부(看護婦)'를 '간호사'의 전 용어로 보고 있다.
16) 남성 간호사(看護師)를 일본어에선 看護士라고 지칭한다.
17) 면강(勉强)의 우리식 의미는 '억지로 하거나 시킴'의 뜻이다. 따라서 일본어 '勉强'과 우리 한자어 '면강(勉强)'은 서로 동형이의의 관계를 형성한다.

미적 일치성 중에서 먼저 의미적 일치성에 초점을 맞춘 다음 형태적 배타성 조건을 충족시키는 검증법으로 설정해야 한다. 의미적 일치성이 존재한다면 그 의미 밑에 서로 형태적으로 이질적이고 배타적인 한자 어형이 무엇인가를 찾아 삼국 한자어의 이형동의어를 설정해야 한다고 생각한다.

(3) 한중일 동형동의어 비교 및 대조

한·중·일 동형동의의 관계는 그 한자 어형이 같고, 그 의미가 거의 일치하는 어휘로서, 실상 한국, 일본, 중국에서 공통적으로 쓰이는 한자어의 대응 관계이다. 아래의 예는 삼국의 동형동의어의 몇 예들이다.

한		일		중	
한	연구(研究)	일	研究	중	研究
한	노인(老人)	일	老人	중	老人
한	음식(飮食)	일	飮食	중	飮食
한	가정(家庭)	일	家庭	중	家庭
한	기자(記者)	일	記者	중	記者
한	지구(地球)	일	地球	중	地球
한	민족(民族)	일	民族	중	民族
한	생사(生死)	일	生死	중	生死
한	은행(銀行)	일	銀行	중	銀行
한	학교(學校)	일	學校	중	學校

위의 예들과 같이 삼국이 서로 다른 언어 체계이면서도 많은 부분 같은 어

휘를 공유하고 있다는 사실은 삼국이 글말에서의 효과적인 의사소통을 가능하게 하는 요인이다. 따라서 동형동의어 역시 삼국 한자어의 중요한 비교 대상이다. 같은 한자 어형에 기반하면서 같은 의미로 각각의 언어 현실에서 쓰인다는 것이 또 다른 관점에서는 중요한 문제가 안 될 수도 있다. 그러나 위의 예들은 삼국의 한자어가 그만큼 문화적 유사성에 기인하고 있다는 점을 반영하는 부분이기 때문에 그 자체로 중요하다. 또한 이러한 한자어를 삼국의 언중들이 의식적으로 공유한다는 것은 삼국 언중의 어휘적 이중 언어 현상의 핵심을 보여 주는 것이다.

특히 이 동형동의어의 경우 중국과 일본의 학습자가 한국어를 배우고 학문 목적 읽기와 쓰기를 할 때 유용한 정보이다. 상대적으로 외국인을 위한 수업 시간에 중국 및 일본 학생들을 대상으로 위의 한자어를 비교하면서 어휘 체계를 설명하게 되면 효율적인 교육 효과를 거둘 수 있다는 점에서 동양권 한국어 학습자를 위해서는 이 어휘 체계에 대한 활용이 필요하다.

1 서구 외래어 중에서 한국어의 어휘 체계로 들어온 말들을 조사하여 그 의미가 어떻게 유지되거나 바뀌었는지 발표해 보자.

2 한국 한자어 중에서 중국에서 유래한 한자어는 어떤 것이 있는지 조사해 보고 그 유형을 분류해 보자.

3 한국 한자어 중에서 일본에서 유래한 한자어는 어떤 것이 있는지 조사해 보고 그 유형을 분류해 보자. 특히 일본에서 들어온 말을 모두 버려야 하는 한자어인지 아니면 수용해야 하는 한자어인지에 대하여 토론해 보자.

7. 한국어 사전 있으세요?

한국어 사전

한국어를 배우고 한국어로 글을 쓰고자 할 때, 무엇보다도 중요한 것은 한국어 사전이다. 한국어에 대한 언어적·백과사전적 정보가 모두 담겨 있는 것이 사전이기 때문이다. 특히 외국인이 글쓰기를 할 때 사전은 필수 도구라 하지 않을 수 없다. 전통적으로 종이 사전이 큰 역할을 하기도 했지만, IT 기술 발전과 함께 휴대용 한국어 전자 사전도 이제는 보편화되었다. 또한 인터넷 포털 사이트 등에서 간편하게 웹사전을 이용할 수 있는 시대가 되어서 사전은 다양하게 분화되고 있다. 이 장에서는 한국어 사전에 대한 간단히 소개와 외국인을 위해서 필요한 한국어 사전의 특징에 대하여 알아보고자 한다.

01 〈큰사전〉(1957)에서 〈고려대한국어사전〉(2009)까지

한국어 사전의 기원은 20세기 초로 거슬러 올라가지만, 대사전은 불과 60년의 짧은 역사를 지니고 있다. 최초의 대사전 편찬 작업은 일제 시대에 조선어

한글학회 〈우리말큰사전〉

〈금성판 국어대사전〉

학회가 주도가 돼 1942년까지 어느 정도 초벌 풀이까지 완성이 되었다. 그러나 조선어학회 사건이 일어나면서 편찬 관계자들이 투옥되고 작업은 중단되었다. 그러나 해방이 되고 1947년 그 원고 뭉치를 찾아 정리하여 을유문화사에서 〈조선말 큰사전〉 1권이 우여곡절 끝에 간행되었다. 그 이후 10년의 세월이 지나서 1957년 16만 어휘를 담은 〈큰사전〉이라는 이름으로 완간되었다. 비로소 사전다운 면모를 최초의 한국어 대사전이었으며, 한글학회라는 민간 한국어 연구 단체의 성과였다.

그 후 민간 출판사에서 대사전이 여러 권 나오면서 한국어 사전은 다양해지기 시작했다. 그런데 1933년 〈한글마춤법통일안〉 이후 맞춤법이 일부 개정 및 수정이 있었지만, 전면적인 개정이 없던 상황에서 1988년 한글 맞춤법이 전면적으로 개정돼 고시되면서 새로운 대사전이 필요하다는 인식이 확산되었다. 그 결과물로 나온 새로운 대사전이 바로 김민수 외 엮음 〈국어 대사전〉(1991)과 한글학회 지음 〈우리말 큰사전〉(1992)이다. 전자는 금성 출판사에서 나온 것으로 맞춤법 개정 이후 민간 출판사가 간행한 최대의 사전이다. 후자는 1988년 개정된 맞춤법의 일부를 지키지 않고 간행한 민간 연구 단체 최초의 대사전으로 '옛말과 이두'라는 고어 사전을 겸비하고 있다.

또한 이 무렵 북한에서는 <조선말대사전>(1992)을 출간해서 우리를 놀라게 했다. 80년대 나온 <현대조선말사전>(1981, 제2판)에 이어 북한의 사전 편찬 기술을 알린 용례 중심의 대규모 사전이기 때문이다. 정부 주도의 사전 편찬이 이 당시 북한이 우리를 앞서고 있었음을 보여주고 있다. 결국 <조선말대사전>은 남북 최초로 국가 기관에서 편찬한 사전이라는 역사적 의의를 지니고 있다.

북한의 <조선말대사전>

이와 같은 민간 출판사, 민간 연구 단체 및 북한의 대사전 성과는 한국 정부 기관이 주도한 사전을 만들게 하는 계기가 되었다. 드디어 한국에서 최초로 국가가 직접 편찬한 사전이 <표준국어대사전>(1998)이 국립국어연구원의 이름으로 간행되었다. 약 50만 어휘를 담고 있는 이 대사전은 가장 어휘 수가 많은 한국어 대사전이라는 점에서 그 의의를 찾을 수 있고, 1988년 맞춤법이 개정된 후, 국가가 처음으로 내놓은 규범 대사전이라는 의의를 지니고 있다. 특히 본격적인 전자사

국립국어원 <표준국어대사전>

전의 형태는 아니지만, 사전의 모든 내용을 시디롬화 함으로써 검색 기능을 갖춘 최초의 대사전 역할을 하고 있다.

〈고려대 한국어대사전〉

그리고 최근에 〈고려대 한국어대사전〉(2009)이 나왔는데, 38만 어휘의 이 사전은 최초로 대학 기관에서 편찬한 대사전의 성격을 지니고 있다. 몇 가지 면에서 이미 나온 대사전과 차별화된 특징을 지니고 있다. 우선 현실 언어를 적극적으로 반영하고 있는 사전이라는 점이다. 예컨대 새로 생겨난 말, 전부터 쓰였으나, 사전에 없는 말 등을 찾아 수록하였다. 또한 사전 이용자를 생각하는 친절한 사전의 면모를 갖추었다. 모든 표제어에 뜻풀이를 함으로써 이용자의 편의를 도모하였고, 학습자의 궁금증을 풀어 주는 부가 정보를 상세히 제공하였다. 또한 한국어학의 성과를 사전 속에 담아서 일반인, 학생, 외국인뿐만이 아니라 한국어 연구자들의 연구에도 도움을 주고자 했다는 점에서 큰 특징을 지니고 있다.

이렇게 한국의 대사전 편찬은 지난 반세기 동안 줄기차게 그 성과를 냈고, 앞으로도 많은 계획을 가지고 있다. 특히 아직 출간되지 않았으나, 우리의 주목을 끄는 것은 2005년에 시작한 〈겨레말큰사전〉(겨레말큰사전남북공동편찬위원회)의 편찬 작업이다. 2014년을 목표로 현재 편찬을 하고 있는 이 사전은 남과 북이 분단이 된 후, 최초로 출간될 남북 공통 규범에 바탕을 둔 민족어 사전의 특징을 지니고 있다. 남과 북의 분단은 언어 규범의 이질화, 어휘의 이질화를 가져왔다. 그러나 이 사전은 그러한 차이를 극복하고 두음법칙, 사이시옷, 자모 명칭 등 남과 북이 서로 차이를 보이는 많은 부분을 하나씩 해결하면서 통일 사전의 면모를 갖추고자 노력하고 있다.

〈겨레말큰사전〉 남북공동편찬사업회 웹 사이트

사전 편찬 과정에서 서로 다른 견해와 민감한 정치적 논리 등에 영향을 받아 편찬의 어려움을 겪고 있는 것으로 알려져 있으나, 이 사전은 언어 통일을 위한 시금석이 될 중요한 한국과 북한의 민족적 사업임을 인식해야 할 것이다. 이 사전이 나오면 남북의 한국어 및 조선어 사용자는 물론이려니와 한국어를 배우는 외국인 및 해외동포들에게 언어 규범의 혼란함을 극복해 주는 소중한 사전으로 탄생할 것으로 기대하고 있다.

위에서 언급한 한국어 대사전들은 엄밀히 따지면 가장 보편적이고 규범적인 한국인용 대사전이다. 물론 위의 대사전을 외국인이 이용할 수 없는 것도 아니고, 외국인이 이 대사전들을 이용하면서 한국어에 대한 다양한 지식과 정보를 제공 받을 수 있다. 그 사용 층이 개방적이기 때문이다. 그러나 한편으로 한국어를 배우는 외국인을 위한 특수 목적 사전 역시 외국인이 한국어를 효율적으로 배우는 데 필요하다. 따라서 이 절에서는 '외국인을 위한 한국어 사전'을 살펴보고자 한다.

국립국어원 〈외국인을 위한 한국어 학습 사전〉

한국어를 배우는 외국인을 위한 한국어 학습 사전은 〈외국인을 위한 한국어 학습 사전〉이라는 이름으로 2006년 국내 최초로 발간되었다. 국립국어원이 기획하고 재단법인 한국어세계화재단 편저로 나온 이 사전은 여러 한국어학 전공 교수들이 외국인의 한국어 학습 편의를 위해서 만들어진 학습 목적 사전이다.

한국어는 이미 전 세계 70개국의 중·고등학교와 대학, 그리고 일반 성인들이 학습하는 세계 10대 국제어의 위상을 가지고 있는 언어로 성장했지만, 그 동안 이에 부응하는 외국인 전용 한국어 사전은 없었다. 또한 650만 해외 동포들 중에서 한국어를 제대로 구사하지 못하는 사람들이 증가하면서 외국어로서 한국어를 배우는 외국인 및 해외동포들에게는 그들을 위한 사전이 절실했다.

이 사전은 최초 기획 단계부터 한국어를 외국어 또는 제2언어로 배우는 학습자를 위해 만들어졌다. 이 사전에서는 필수적인 5천여 개의 기본 어휘 외에, 한국어 학습에 필요한 다양한 문화 어휘, 고유명사, 조사와 어미 등의 문법 요소와 불규칙하게 활용하는 동사와 형용사의 어간 부분까지도 다양하게 표제어로 반영하였다. 특히 발음 정보의 경우 한글 자모로 표시한 것뿐만이 아니라 학습자가 보다 쉽게 그 내용을 접할 수 있도록 IPA(International Phonetic Alphabet) 기호를 표시해 줌으로써 정확한 발음을 익히도록 구성되었다는 특징이 있다. 또한 널리 쓰이는 단어 가운데 빈도수가 높은 더 중요한 단어들에는 색으로 별표를 붙였다.

말 그대로 외국인이 쉽게 이용할 수 있도록 한국어로 말하고, 듣고, 읽고, 쓰는 데에 필요한 발음 정보, 문형 정보, 활용 정보, 참고 정보 등을 자세히 수록하였으며, 실제로 사용된 문장을 일일이 조사하여 어휘의 뜻을 가르고, 학습자가 알기 쉽도록 구 예문, 문장 예문, 대화체 예문을 풍부하게 제시한 특수 목적의 실용적 사전이라고 볼 수 있을 것이다.

한국어로 글을 쓰고 한국어로 학문을 하고자 하는 외국인에게 한국어 사전은 없어서는 안 되는 필수 도구이다. 전자 사전 형태의 휴대용 사전도 간편하게 한국어의 다양한 정보를 제공하기 유용하겠으나, 일부 오류와 잘못된 정보가 있다는 점을 인식한다면, 이러한 외국인을 위한 한국어 학습 사전을 이용하는 것은 중요한 일이다. 또한 한국어에 대한 종합적 정보를 알고 싶은 외국인이 있다면, 이전 절에서 열거한 종합 한국어 대사전을 이용하여 자신의 표현 능력을 높이는 데 도움을 받아야 할 것이다.

1 각 대학 도서관에 가서 한국어 대사전들을 열람하고 아래와 같은 문헌적 정보를 조사하여 발표해 보자.

> ① 한국어 대사전의 명칭 :
> ② 발행 기관과 발행 일자 :
> ③ 대사전 규모(쪽수 및 권수) :
> ④ 일러두기 요약 :
> ⑤ 부록 내용 조사 :
> ⑥ '한국어' 표제어 검색 및 정리 :

2 각 대학의 외국인을 위한 한국어 교재 1과에 등장하는 한국어 기초 어휘 5개만을 골라서 〈외국인을 위한 한국어 학습 사전〉에서 그 표제어의 발음 정보, 뜻풀이 정보, 문형 정보, 참고 정보 등을 정리하여 발표해 보자.

8. 한국어, 세계 속에 날다 ;

한국의 국제적인 위상이 높아짐에 따라 한국어 수요는 매년 급속도로 증가하고 있다. 주로 아시아권 특히 중국의 한국어 학습자는 소위 '한류'를 타고 급증했다. 중국의 각 대학에서는 한국어 또는 한국학 관련 학과를 설치가 빠르고 활발하게 이루어지고 있다. 또한 미국의 '대학 입학 자격시험(SAT II)'에서 한국어가 채택되었고, 호주에서 아시아 언어 중 우선순위 언어로 한국어가 채택된 것은 한국어의 국제적 지위가 높아졌음을 증명하는 좋은 예이다. 이렇듯 세계적으로 한국어 관련 학과는 600여 개를 넘는다는 보고가 있으며, 유엔의 2007년 언어 영향력 평가에선 한국어가 9위로 평가되고 있다.

이렇듯 한국어의 세계화는 이제 본격적인 궤도에 올랐다고 볼 수 있다. 세계 각지에서 외국인이 한글과 한국어를 배울 수 있는 '세종학당' 500개를 2015년까지 설립한다는 야심찬 계획까지 수립해 놓고 있다. 심지어 또한 동남아시아 소수 민족인 찌아찌아 족이 그동안 문자 없는 생활을 마감하고 자신의 언어를 한글로 표기해 교재를 만들어 교육하고 있다. 국제적 문자로서 한글의 위력을 실감하고 있다.

01 | 한국어 세계화의 개념

박영순(2001)에서는 '한국어의 세계화'를 '한국어의 국제화'와 같은 의미로 이해하고 다음과 같이 정의하였다.

> 한국어의 세계화란 다음의 다섯 가지 경우를 종합해서 일컫는 말이다.
> 첫째로, 인지도에 있어서 세계의 사람들이 한국어의 존재를 확실히 인식하고 관심을 가지는 것이다.
> 둘째로, 세계에서 당당한 하나의 외국어로서 학생이나 일반인들이 한국어를 배우게 되는 것이다.
> 셋째로, 국제 무대에서 몇 개의 주요 언어로 인정되어, 각 나라 고등학교의 외국어 선택 과목에 한국어가 포함되고, 대학에서 하나의 학문으로 한국어를 교육하고 연구하는 것이다.
> 넷째로, 위와 같은 여건이 마련되어 한국어를 제2언어 또는 외국어로서 배우겠다는 사람들이 세계적으로 많이 나오고, 대학원에서 한국어학을 전공하겠다는 사람도 많이 나오며, 또 그들이 일할 자리가 많이 생기는 것이다.
> 다섯째로, 제2언어 또는 외국어로서의 한국어를 과학적으로 체계적으로, 그리고 객관적으로 연구하고 또한 효율적으로 교육하고 평가할 수 있는 모든 준비가 완료되어 한국어 교육이 극대화되는 상태를 말한다.

이러한 개념을 종합할 때 한국어 세계화 혹은 국제화는 외국인 및 해외동포가 한국어를 제2 혹은 제3의 언어로 배울 가치와 필요성을 지니는 국제적인 외국어로서의 위상을 차지하는 것이다. 그리고 이를 대비하여 외국어로서의 한국어를 가르치기 위한 이론적 바탕 위에 다양한 한국어 교육 과정 및 한국어 교재의 개발, 외국인을 위한 한국어 학습 사전 편찬, 세종학당 등의 한국어 교육 기관의 설립, 한국어 능력 시험, 유능한 한국어 교사 양성 등이 마련되는 것이 한국어 세계화의 핵심 연구 및 사업이다.

이러한 모든 연구와 사업이 보다 체계화되고 그만큼 한국어의 세계화는 가속화 될 것이다. 이를 위하여 한국 정부에서는 문화관광부(국립국어연구원, 한국어세계화재단), 외교통상부(한국국제교류재단), 교육인적자원부(국제교류진흥원 등) 등을 중심으로 1998년부터 국외 한국어 교육 종합 정보망을 구축하고 범정부적 차원에서 이를 지원하고 있다. 이 중에서 가장 중심적인 역할을 하는 한국어세계화재단(http://www.glokorean.org/)에 대하여 살펴보고자 한다.

02 | 한국어세계화재단

한국 정부에서는 본격적으로 한국어의 세계화를 위하여 2001년에 '한국어세계화재단'을 설립하였다. '한국어세계화재단'은 '한국어 교육 개발팀', '한국어 보급 / 지원팀', '한국어 평가 사업팀', '문화콘텐츠 개발팀' 등으로 구성돼 국내 및 국외의 한국어 진흥 및 보급에 관한 사업, 외국인을 대상으로 한 한국어 교육에 관한 사업, 교포 및 그 자녀를 대상으로 한 한국어 교육에 관한 사업, 한국어 진흥에 관한 조사 연구 사업, 한국어 진흥을 위한 수탁 사업 등을 그 사업 목적으로 하고 있다.

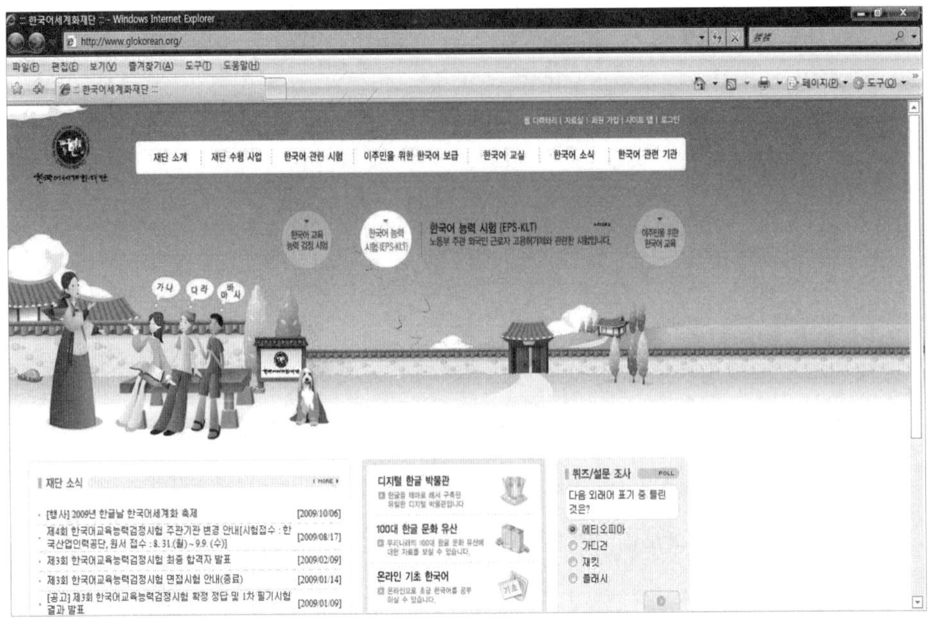

〈한국어세계화재단〉 웹 사이트

구체적인 사업은 아래 몇 가지로 나눠 살펴볼 수 있다.

첫째, 한국어 국외 보급 사업이다. 국내외 한국어 학습자를 위한 교재 및 사전을 개발·보급하고, 우수한 한국어 교사 양성을 위한 한국어 교사 교육 연수 프로그램을 연구 및 개발하고 있다. 예를 들어 한국어 초급 말하기 교재 및 교사용 지침서를 만든 바 있으며, 한국어 중급 교재1과 2를 개발한 바 있다.

둘째, 외국인을 위한 한국어 학습 사전과 한국어 문형 사전 편찬에 힘을 쓰고 있다. 한국어 교육의 확립과 저변의 확대, 한국어 보급의 기여, 한국어 능력 평가 제도의 국제적 표준화 달성 기여, 한국의 언어 및 문화의 적극적 보급, 국제적 교류의 공식적 언어를 지향한 한국어 품위 고양을 위한 목적이다. 이미

<외국인을 위한 한국어 학습 사전>(2006)이 출간된 바 있다.

셋째, 한국어 총서의 개발이다. 한국어 교육 일선에 있는 한국어 교사들이 갖추어야 할 지식을 체계적으로 확립시켜서 교육 효과를 높이는 데 그 목적이 있다. 이를 위해 한국어 교육 총서를 기획하고 '한국어 발음 교육, 한국어 교수법, 한국어 문법 교육'에 관한 총서 발간하여 외국인 학습자의 한국어 교육에 기여하고 있다.

넷째, 외국인에게 수준 높은 한국어 교육을 위해 '한국어 교사 교육 및 연수를 위한 표준 교육 과정' 시행 시안을 개발하였다. 한국어 교사 교육 및 연수 관련 환경에 대한 분석을 바탕으로 수요자 집단별 한국어 교육 및 연수 실시 모델을 제시하고 효율적으로 그 프로그램을 추진할 수 있는 방안을 제시하였다.

다섯째, 한국어 해외 보급을 높이기 위해 국가 차원에서 체계적인 한국어 교육 능력 인증 시험 시행 방안을 연구하여 시행한 바 있다. 이 한국어 교육 능력 인증 시험은 한국어를 외국어로서 교육할 수 있는 능력을 인증하고 한국어 교육 지도자의 자질 향상과 한국어 교사 양성 체계의 공공성을 확보하며, 한국어 해외 보급의 효율성을 제고하기 위하여 마련되었다.

2002~2004년까지 한국어세계화재단에서는 한국어 국외 보급의 효율성을 향상시키고자 4회에 걸쳐 한국어 교육 능력 인증 시험을 시행했다. 그러나 2005년 7월 28일 국어기본법 시행령이 공포됨에 따라, 시험의 이름도 한국어 교육 능력 검정 시험으로 바뀌었고 시험 내용도 보다 구체화되고 세분화되었다. 4회부터는 한국산업인력공단으로 이관하여 시행하고 있다.

한국어 교육 능력 검정 시험은 국어기본법 제19조 및 동법 시행령 제14조에 의거하여 실시되는 국가 공인 자격시험이다. 이 시험은 외국어로서의 한국어 교육의 질을 높이기 위하여 1년에 1회 이상 실시되고 있다. 이 시험에 합격한 자는 국어기본법 시행령 제13조에 따라 국가 공인 자격증인 한국어 교원 3급을 발급받을 수 있다.

또한 2005년 8월 17일부터 고용허가제에 의한 외국인 근로자 선발 기준으로 한국어 능력 시험 실시가 의무화됨에 따라서 한국어세계화재단이 한글학회와 공동으로 노동부 주관 외국인 근로자 고용허가제 관련 '한국어 능력 시험(EPS-KLT)' 실시 기관으로 선정돼 주로 한국에서 취업을 하고자 하는 동남아 중심의 외국인 노동자를 대상으로 이 시험을 주관하고 있다.

다섯째, 디지털 한글 박물관(http://www.hangeulmuseum.org)을 구축하였다. 세계적인 우리의 한글 및 한글로 이루어낸 다양한 문화재를 디지털화하여 영구히 보존하고 이에 대한 전문가들의 해설을 덧붙여서 내국인은 물론 외국인들도 간편하게 접할 수 있도록 인터넷 상에서 이 박물관을 구축하였다. 누구나 실제의 박물관을 직접 방문하지 않더라도 개인 컴퓨터 안에서 간편하게 한글 관련 문화유산들을 살펴볼 수 있다. 이 디지털 한글박물관은 역사관, 조형예술관, 교육문예관, 학술정보관, 미래관의 5개 전시관으로 구성되어 있다.

03 | 외국인을 위한 한국어 능력 시험(TOPIK)

외국인을 위한 '한국어 능력 시험(TOPIK)'은 한국어를 모국어로 사용하지 않는 외국인 및 재외동포들에게 한국어 학습 방향을 제시하고 세계 속에 한국어 보급 확대를 위한 국가 공인 시험이다. 한국어 사용 능력을 측정하고 평가하여 그 결과를 외국인이나 해외동포들이 유학 및 취업 등에 활용할 수 있도록 한 시험의 성격을 띤다. 홈페이지는 www.topik.or.kr이다.

⟨외국인을 위한 한국어 능력 시험(TOPIK)⟩ 웹 사이트

연 2회 실시하는 이 시험은 교육과학기술부 산하 한국교육과정평가원이 시험 시행을 총괄하고 있다. 2008년 기준 현재 한국 시행 기관은 11개 지역으로 나뉘어 있으며, 해외 시행 기관은 36개국 124지역에 이르며 시행하는 국가와 지역에 계속 늘어나고 있다.

크게 일반 한국어(S-TOPIK)와 실무 한국어(B-TOPIK)로 나누고 일반 한국어의 경우 1영역은 초중고급 어휘문법과 쓰기로, 2영역은 초중급 읽기와 듣기로 4개 과목을 400점 만점으로 하여 시험을 실시하고 있다. 쓰기의 경우 객관식 이외에 단답형과 작문형 문제도 출제되며, 실무 한국어의 경우는 초중고급의 구분 없이 400점 만점으로 객관식으로 시험이 운영되고 있다. 미국, 유럽, 오세아니아는 매년 4월과 9월 중 토요일에, 아시아 지역은 4월과 9월 중 일요일에 시험을 실시하고 있다. 아래의 내용은 한국어 능력 시험 등급별 평가 기준표에 해당한다.

등 급		평가기준
초급	1급	• '자기 소개하기, 물건 사기, 음식 주문하기' 등 생활에 필요한 기초적인 언어기능을 수행할 수 있으며, '자기 자신, 가족, 취미, 날씨' 등 매우 사적이고 친숙한 화제에 관련된 내용을 이해하고 표현할 수 있다. • 약 800개의 기초 어휘와 기본 문법에 대한 이해를 바탕으로 간단한 문장을 생성할 수 있다. • 간단한 생활문과 실용문을 이해하고 구성할 수 있다.
	2급	• '전화하기, 부탁하기' 등의 일상생활에 필요한 기능과 '우체국, 은행' 등의 공공시설 이용에 필요한 기능을 수행할 수 있다. • 약 1,500~2,000개의 어휘를 이용하여 사적이고 친숙한 화제에 관해 문단 단위로 이해하고 사용할 수 있다. • 공식적 상황과 비공식적 상황에서의 언어를 구분해 사용할 수 있다.
중급	3급	• 일상생활을 영위하는 데 별 어려움을 느끼지 않으며, 다양한 공공시설의 이용과 사회적 관계 유지에 필요한 기초적 언어 기능을 수행할 수 있다. • 친숙하고 구체적인 소재는 물론 자신에게 친숙한 사회적 소재를 문단 단위로 표현하거나 이해할 수 있다. • 문어와 구어의 기본적인 특성을 구분해서 이해하고 사용할 수 있다.
	4급	• 공공시설 이용과 사회적 관계 유지에 필요한 언어 기능을 수행할 수 있으며, 일반적인 업무수행에 필요한 기능을 어느 정도 수행할 수 있다. • 뉴스, 신문 기사 중 평이한 내용을 이해할 수 있다. • 일반적·사회적·추상적 소재를 비교적 정확하고 유창하게 이해하고 사용할 수 있다. • 자주 사용되는 관용적 표현과 대표적인 한국 문화에 대한 이해를 바탕으로 사회·문화적인 내용을 이해하고 사용할 수 있다.

등 급		평가기준
고급	5급	• 전문 분야에서의 연구나 업무 수행에 필요한 언어 기능을 어느 정도 수행할 수 있다. • '정치, 경제, 사회, 문화' 전반에 걸쳐 친숙하지 않은 소재에 관해서도 이해하고 사용할 수 있다. • 공식적, 비공식적 맥락과 구어적, 문어적 맥락에 따라 언어를 적절히 구분하여 사용할 수 있다.
	6급	• 전문 분야에서의 연구나 업무 수행에 필요한 언어 기능을 비교적 정확하고 유창하게 수행할 수 있다. • '정치, 경제, 사회, 문화' 전반에 걸쳐 친숙하지 않은 주제에 관해서도 이용하고 사용할 수 있다. • 원어민 화자의 수준에는 이르지 못하나 기능 수행이나 의미 표현에는 어려움을 겪지 않는다.

〈TOPIK 평가 기준표〉

1 한국어와 한글이 세계화될 수 있는 긍정적인 조건과 환경은 무엇인지 조사하여 발표해 보자.

2 최근 한국 정부에서는 2015년까지 한국어와 한글을 해외에서 배울 수 있는 '세종학당'을 세계 각지에 500개 설립하고자 하는 계획을 가지고 있다. 이에 대한 기사를 검색해 찾아보고 한국어 및 한글의 세계화에 대하여 토론해 보자.

3 한국어의 국제화 논의가 활발하게 이루어지고 있다. 그러나 한편으로는 한국에서 영어
  공용화 문제가 논란의 중심에 있다. 한국어의 세계화를 위한 걸림돌은 무엇이며, 영어
  와 한국어의 관계 정립을 위한 구체적인 방안에 대하여 토론해 보자.

외국인을 위한 **대학 글쓰기**

초판 1쇄 인쇄 2009년 10월 5일 | **초판 1쇄 발행** 2009년 10월 15일
지은이 이상혁
펴낸이 최종숙 | **편집** 권분옥 이소희 추다영
펴낸곳 글누림출판사 | **등록** 제303-2005-000038호(등록일 2005년 10월 5일)
주소 서울 서초구 반포4동 577-258 문창빌딩
전화 02-3409-2055 | **FAX** 02-3409-2059 | **이메일** nurim3888@hanmail.net
ISBN 978-89-91990-046-3 03710

정가 12,000원
* 잘못된 책은 교환해 드립니다.